D1082716

Sin Yo no hay
problemas

Si este libro le ha interesado y desea que lo mantengamos
informado de nuestras publicaciones, puede escribirnos a
comunicacion@editorialsirio.com,
o bien registrarse en nuestra página web:
www.editorialsirio.com

Título original: No Self, No Problem
Traducido del inglés por Rocío Moriones Alonso
Diseño de portada: Editorial Sirio, S.A.

© de la edición original
2009 Anam Thubten

© de la presente edición
EDITORIAL SIRIO, S.A.

EDITORIAL SIRIO, S.A.	NIRVANA LIBROS S.A. DE C.V.	ED. SIRIO ARGENTINA
C/ Rosa de los Vientos, 64	Camino a Minas, 501	C/ Paracas 59
Pol. Ind. El Viso	Bodega nº 8,	1275- Capital Federal
29006-Málaga	Col. Lomas de Becerra	Buenos Aires
España	Del.: Alvaro Obregón	(Argentina)
	México D.F., 01280	

www.editorialsirio.com
sirio@editorialsirio.com

I.S.B.N.: 978-84-7808-959-8
Depósito Legal: MA-430-2014

Impreso en Imagraf

A N A M   T H U B T E N

Sin Yo no hay problemas

editorial irio

El cielo es libre.
El océano es dichoso.
Los árboles son divinos.
Las rocas están iluminadas.
Nosotros también.
¿Quién sigue buscando?
Y... ¿qué es lo que busca?

ANAM THUBTEN

PRÓLOGO

Conocí a Anam Thubten poco después de que volviera a la bahía de San Francisco. En aquella época, los sábados por la mañana invitaba a los alumnos a su casa para hacer en el salón una breve meditación seguida de una charla. Estas charlas, siempre impresionantes y sorprendentes, estaban dedicadas a las verdades más esenciales, basadas en la experiencia personal de Rinpoche en su trayecto por el camino espiritual. Atravesaban capas de especulaciones, y diseccionaban y cuestionaban toda idea establecida, toda noción que se tuviera como verdad sagrada. Rinpoche siempre va al fondo del asunto, y lo explica en palabras sencillas y fáciles de comprender para los occidentales que quizás no tengan ningún conocimiento o relación con el budismo. A medida que fue aumentando el grupo de alumnos, el salón de la casa de Rinpoche se quedó pequeño. A veces incluso algunos se sentaban fuera, en el porche. Gracias a la generosidad de muchos benefactores, se adquirió una capilla histórica en la encantadora ciudad de Point Richmond, California. Este libro, basado en charlas dadas en Berkeley y Point Richmond, refleja el profundo conocimiento de Rinpoche sobre la condición humana. Nos habla con claridad, humor y una honestidad implacable, y comparte su viaje espiritual abierta y honestamente.

Para mí ha sido un honor y una alegría trabajar —y presentarlas ahora a un público más extenso— con las enseñanzas de este hombre auténtico, sencillo y devoto que ha dedicado su vida a expresar en palabras y acciones mensajes profundos de verdadera sabiduría y compasión.

SHARON ROE

CAPÍTULO 1

CONCIENCIA PURA

Nuestra verdadera identidad

Nos identificamos con el cuerpo, que está hecho de carne, huesos y otros componentes, y por eso creemos que somos materiales, sustanciales y concretos. Esta idea ha arraigado tanto en nuestro sistema de creencias que pocas veces la cuestionamos. El resultado de esto son los embates inevitables de la vejez, la enfermedad y la muerte. Sufrimos estas afecciones por el mero hecho de creer que somos este cuerpo físico. Siempre que creemos en ideas falsas, pagamos un alto precio. No se trata de una idea solo individual; es sostenida fervorosamente por la mente colectiva y ha existido durante muchas generaciones, por eso está tan arraigada en nuestra psique. Nuestra percepción habitual y cotidiana de los demás se rige por esta falsa identidad y después se ve reforzada e impuesta por el lenguaje que utilizamos.

Desde muy pequeños nos adoctrinan en esta idea del yo como equivalente al cuerpo. Por ejemplo, cuando vemos a un niño, decimos: «¡Qué guapo! Me encanta su pelo. Tiene unos ojos preciosos». A través de este tipo de pensamientos y comentarios, estamos sembrando las semillas de esta identidad errónea. Evidentemente, halagar a los demás no es negativo. De hecho, es preferible que criticar. Sin embargo, no deja de ser una forma de errar. La verdad es que, con independencia de las características que tenga, cualquier niño al nacer es inherentemente bello. De modo que todos somos bellos.

Vivimos en una época en la que la persona está desconectada de su verdadera identidad, y esta falsa percepción se ve corroborada desde todos los ángulos. Todo el mundo desea tener un cuerpo perfecto y lo busca en los demás. Cuando vas a una tienda, por ejemplo, ves revistas con fotos de hombres y mujeres con un aspecto perfecto e idealmente joven. Resulta muy difícil resistirse a esos mensajes. Nos llegan por todas partes, de todos los ámbitos sociales, y confirman esta identidad errónea. Corroboran la sensación de que este cuerpo es lo que realmente somos. Dada la tendencia a establecer una norma perfectamente idealizada, muchas personas sufren de orgullo, narcisismo, arrogancia, vergüenza, culpa y odio hacia sí mismas por su cuerpo y por su capacidad o incapacidad de reflejar este estándar.

Todas las mañanas, al levantarnos y mirarnos en el espejo, hay una voz en nuestra mente que no hace más que juzgarnos a nosotros y a los demás de acuerdo con este baremo. ¿No te has fijado nunca en eso? La mente siempre está juzgando: «¡Ay, otra arruga!», «Está muy gorda». «Tiene un aspecto un poco raro». «Es muy guapa». «Es guapísimo»...

Estos juicios de valor no solo crean un escollo en nuestro camino espiritual, sino que también forman nubes de negatividad en nuestra conciencia y nos mantienen firmemente encadenados a la prisión de la dualidad.

Sin embargo, no es preciso que nos apeguemos a esto. Podemos transcender esta identificación con nuestro cuerpo en cualquier momento. Solo cuando abandonamos todos estos juicios de valor, reconocemos que todo el mundo es divino en su unicidad. La mente egoica siempre está comparando el yo con los demás porque cree que es una identidad separada y utiliza el cuerpo como línea divisoria entre el yo y los demás.

Somos inmateriales. Somos insustanciales. No somos un tablón que al final se rompe. La propia esencia de lo que somos va más allá de la decadencia y la transitoriedad. Sí, nuestro cuerpo es transitorio, pero nuestra verdadera naturaleza, no. Nuestra verdadera naturaleza es inmortal y divina, trasciende todas las imperfecciones. Por eso todos somos iguales, todos somos uno. No hay nadie que sea mejor o peor que los demás. Cuando alguien manifiesta su verdadera naturaleza, vive con amor, amabilidad y alegría. Causa menos dolor a quienes lo rodean. Cuando meditamos, tarde o temprano descubrimos que no se trata solo de una teoría abstracta, sino que se corresponde con la verdad, con la realidad.

¿Cuál es nuestra verdadera naturaleza si no es el cuerpo? Hay muchas palabras que podemos utilizar para describirla. En el budismo la expresión más simple que podemos emplear es «naturaleza búdica». La definición de naturaleza búdica es que ya estamos iluminados. Ya somos perfectos tal como somos. Cuando nos damos cuenta de esto, somos perfectos. Cuando no nos damos cuenta, también lo somos. Nuestra verdadera esencia va más allá del nacimiento y de la muerte. No puede enfermar nunca. No puede envejecer nunca. Está más allá de todas las circunstancias. Es como el cielo. No es una teoría. Esa es la verdad que solo se puede comprender en el reino de la conciencia iluminada. Esta conciencia es sorprendentemente accesible para todos nosotros.

Cuando tiene lugar ese despertar, ya no hay ningún deseo de ser alguien distinto a quien somos. Toda idea previa de lo que somos se desvanece y junto con ella desaparecen el dolor, la culpa y el orgullo asociados a nuestro cuerpo. En el budismo, esto se denomina *ausencia del yo*. Este es el único despertar auténtico. Todo lo demás es una circunvalación espiritual. Este despertar es lo que deberíamos estar buscando desde el momento en que iniciamos el camino. Nos libraría de caer en trampas espirituales innecesarias.

Cuando tenemos el corazón abierto y estamos preparados para abandonar nuestras previas percepciones del ser, puede producirse en cualquier momento el despertar espiritual. Hay una comparación muy bonita. Imagínate una cueva que ha estado oscura durante un millón de años. De repente, un día alguien lleva una vela a la cueva e inmediatamente se desvanece la oscuridad de un millón de años. Del mismo modo, cuando comprendemos nuestra verdadera naturaleza, ya no existe un «yo» que busca algo más. El despertar no tiene nada que ver con nuestro pasado. No tiene nada que ver con si hemos estado meditando mucho tiempo o no. No tiene nada que ver con conocer a maestros o a gurús admirables. Solo depende de si estamos abiertos a él.

Esta apertura, esta receptividad, está fundamentalmente relacionada con nuestra habilidad de resistirnos a abastecer al ego de conceptos e ideas. El verdadero camino espiritual trasciende todos los conceptos y credos. No se trata de reforzar la ilusión mental del yo como identidad. No se trata de ser budista, santo o una mejor persona. Se trata de desmantelar todas nuestras ilusiones sin piedad alguna.

Es muy importante que observemos nuestra mente para ver qué es lo que estamos buscando, qué es lo que estamos tratando de conseguir. Esto es especialmente importante cuando vamos a recibir enseñanzas espirituales. En el momento en que un maestro espiritual nos impresiona, puede que descubramos que nuestro deseo es completamente opuesto al auténtico despertar. Quizás nuestra mente esté buscando comodidad, afirmación, cierto nivel espiritual o un nuevo conjunto de creencias. A veces nuestro ego nos convence de que estamos logrando esta sensación de no tener un yo fijo, pero al mismo tiempo nos estamos apegando a otro concepto, como el de intentar ser santos o espirituales. Cuando trabajamos para trascender el apego al yo, apegarse a conceptos tales como «sagrado» o «espiritual» es algo muy delicado.

Tal vez dé la impresión de que esto requiere un gran esfuerzo, de que es una tarea ardua e insuperable. Nos damos cuenta de que no es así cuando descubrimos el ingrediente secreto, es decir, saber que este «yo» es una entidad ficticia que siempre está dispuesta a desvanecerse en cuanto dejamos de sostenerla. Para experimentar esto no necesitamos ir a ningún lugar sagrado. Lo único que tenemos que hacer es sentarnos y prestar atención a nuestra respiración, permitiéndonos abandonar todas las fantasías e imágenes mentales. De ese modo, seremos capaces de experimentar una conexión con nuestro mundo interior.

A medida que empecemos a relajarnos y a prestar atención, lo veremos todo claramente. Veremos que el yo no tiene ninguna base o solidez, que no es más que una creación mental. También nos daremos cuenta de que todo aquello que creemos que es verdad sobre nuestra vida no es más que un conjunto de historias, fabricadas en torno a identificaciones erróneas: «Soy americano». «Tengo treinta años». «Soy profesor, taxista, abogado»... Todas estas nociones de identidad son historias que nunca han ocurrido en el reino de nuestra verdadera naturaleza. Observar la disolución de estas historias individuales, ver como todo se desvanece frente a nosotros, no resulta doloroso. No es como si estuviéramos viendo cómo se incendia nuestra casa. Eso sí nos resulta muy doloroso porque no queremos perderlo todo. La disolución espiritual no es igual, porque lo que se está destruyendo no es más que esta sensación de identidades erróneas. Para empezar, nunca fueron reales.

Intenta hacer lo siguiente: préstale atención a la respiración en silencio. Contempla tu mente. De inmediato verás que comienzan a surgir pensamientos. No reacciones a ellos. Limítate a seguir observando la mente. Nota cuándo hay un espacio entre cada pensamiento. Date cuenta de que existe un espacio entre ese momento en el que terminó el último pensamiento y todavía no ha llegado el siguiente. En este espacio no existe ni «yo» ni «mi». Ya está.

Puede que cueste creer lo sencillo que resulta darse cuenta de la verdad. De hecho, el lama tibetano Ju Mipham dijo que la única razón por la que no alcanzamos a comprenderla es porque es demasiado simple. Si miramos alrededor atentamente, veremos cientos, incluso miles, de indicaciones que corroboran la idea de que nuestro concepto del yo no es real. Contempla el rostro de un recién nacido o una flor que florece con belleza en un jardín. Todo esto te indica la realización mística. Puedes realizar esta sencilla indagación cada vez que surja un problema. Si te sientes enfadado o decepcionado, simplemente hazte esta pregunta: «¿Quién está enfadado o decepcionado?». En esa indagación se puede manifestar de forma natural la serenidad interior.

Hay relatos de personas que han estado luchando durante mucho tiempo con problemas sin lograr resolverlos. En cuanto se pusieron a meditar y se preguntaron quién estaba luchando, se dieron cuenta de que en realidad no había existido nunca ningún problema. Esta es la única solución que nos ayuda. Todo lo demás es solo una tirita que nos produce una falsa sensación de liberación durante un breve período de tiempo. ¿Cuántas veces hemos intentado solucionar algo con parches y arreglos temporales? ¿Estamos ya agotados? Si todos los habitantes del planeta, incluyendo a los políticos, hombres de negocios y líderes religiosos, comenzaran a trabajar para lograr esta comprensión, el mundo sería un lugar pacífico. La gente sería mucho más generosa y amable con los demás.

Cuando se han eliminado todas las capas de falsa identidad, ya no queda ninguna versión de ese viejo yo. Lo que queda es conciencia pura. Ese es nuestro ser original. Esa es nuestra verdadera identidad. Nuestra verdadera naturaleza es indestructible. No importa que estemos enfermos o sanos, que seamos pobres o ricos, siempre se muestra divina y perfecta tal como es. Cuando somos conscientes de nuestra verdadera naturaleza, nuestra vida se transforma de un modo que nunca podríamos haber imaginado. Nos damos cuenta del sentido de nuestra vida, y en ese momento finalizamos la búsqueda.

Hay muchas personas que buscan una existencia perfecta en un futuro lejano mientras permanecen ocupadas desperdiciando su valiosa vida fabricando problemas mentales y psicológicos. Deberíamos recordar que cada momento es un umbral al perfecto despertar. El despertar a nuestra verdadera naturaleza es la llave que abre la puerta del paraíso que yace en cada uno de nosotros. El paraíso no es una tierra encantada llena de flores y música. No es una especie de Disneylandia. El paraíso es nuestra conciencia pura primigenia, que está libre de toda limitación pero abarca la infinitud de lo divino. Una vez vi un coche con una pegatina que decía: «Creo en la vida antes de la muerte». Para mí esto significa que no tenemos que imaginar un paraíso futuro. El paraíso puede existir justo aquí, ahora mismo, mientras estamos en esta encarnación humana. Depende de nosotros.

CAPÍTULO 2

MEDITACIÓN

El arte de descansar

Viene muy bien preguntarse de vez en cuando: «¿Qué es lo que estoy buscando?». Esa es una pregunta muy efectiva. Puede que nos sorprendamos al descubrir lo que hemos estado haciendo. A menudo nos percatamos de que hemos estado yendo en pos de ilusiones. En ocasiones son ilusiones hermosas, como la iluminación y la transformación espiritual. Sin embargo, mientras permitamos que la mente persiga esas ilusiones, no habrá verdadera liberación. Experimentaremos una serie de exaltaciones espirituales, pero no una verdadera liberación. Es muy fácil tener una exaltación espiritual. A menudo son muy placenteras, es como disfrutar de un buen vaso de vino. A veces, cuando nos deprimimos, nos gusta comer bombones y otras veces levantarnos de la cama a la una o a las dos de la madrugada y atiborrarnos de helado. Tener exaltaciones espirituales es algo parecido. Solo se trata de una técnica antidepresiva, anticonflicto y antitristeza, porque en realidad no corta la raíz del sufrimiento completamente. De modo que tenemos que asegurarnos de que lo que estamos buscando no es otra bonita ilusión. Hay un montón de ilusiones. La vida está llena de ellas, lo creas o no.

En una ocasión dijo Buda: «Estoy más allá del ir y venir». Fue la enseñanza más profunda que dio nunca. Lo que quería decir es que estaba más allá de la ilusión. Esa es la verdad, tanto si la mente la puede digerir como verdad o no. Incluso el propio Buda es una ilusión. De la misma manera, cuando contemplamos nuestra conciencia, vemos que la mente siempre nos está contando todo tipo de historias. Todo lo que creemos que es realidad no es más que un conjunto de historias: «Nací en 1950. Fui a tal universidad. Me casé. Tuve hijos. Me divorcié. Hice esto y aquello. Hace dos años conocí a un gran maestro y descubrí el camino a la liberación». Eso no es más que una historia, una ilusión, imaginación, ficción. La verdad es que no hay nada que esté ocurriendo. Por lo tanto, tenemos que asegurarnos de que la mente egoica no esté persiguiendo una ilusión una vez más.

Puede que te hayas dado cuenta de que cuando creemos que estamos perdiendo algo sentimos mucho miedo y resistencia. En la vida siempre perdemos. Perdemos a nuestros seres queridos, el trabajo, el amor de otras personas y nuestras fantasías. Estamos constantemente perdiendo. Al final perdemos también este cuerpo y, con ello, todo este universo. Eso se llama «muerte». Lo aceptemos o no, la verdad es que tarde o temprano, cuando abandonemos este mundo lo perderemos todo irremediablemente. No importa lo maravillosas que sean nuestras ilusiones, no son más que eso, ilusiones.

La ilusión maravillosa que está sucediendo justo ahora se perderá pronto. No hay ni una sola ilusión que podamos mantener para siempre. Tarde o temprano lo perderemos todo. La sensación de que va a durar no es más que nuestra mente contándonos historias. Las ilusiones son irreales. Las ilusiones son proyecciones mentales. No tienen ninguna realidad concreta o inherente. Cuando miramos, comprobamos que la mente egoica siempre está perpetuando su tendencia a buscar ilusiones, todo tipo de ilusiones. Lo lleva haciendo muchas vidas.

La verdadera realización consiste en saber que todo es una ilusión. Si no se experimenta esa comprensión, no hay libertad. Por lo tanto, el objetivo del verdadero camino espiritual consiste en llevar esa comprensión a nuestra mente, y después vivir en ella en todo momento. El objetivo no es solo tenerla periódicamente, sino vivir en ella como una forma de vida, dormir en ella, comer en ella, ducharnos en ella, y a veces también luchar en ella. Todo debe ocurrir en el contexto de esa comprensión. Cuando vivimos en esa verdadera comprensión no siempre tenemos una bonita sonrisa en la cara ni estamos bailando todo el tiempo. Seguimos teniendo que ocuparnos de la vida diaria.

Esa realización es la médula del despertar interior. Sin ella no hay libertad, no hay liberación. Aunque pensemos que nos estamos transformando y que estamos llegando a algún lugar, solo estamos experimentando una exaltación espiritual, otra ilusión. La verdad es que sin esa realización no se produce ninguna transformación. De modo que la cuestión es cómo podemos alcanzar la verdad. ¿Cómo podemos darnos cuenta de que todo no es más que ilusión, especialmente cuando sentimos que nuestro sufrimiento es muy real? ¿Cómo podemos ser conscientes de que todas las negatividades y circunstancias indeseadas, tales como la enfermedad, no son más que ilusiones? Además, cuando atravesamos por un buen momento no siempre es fácil percatarse de que todo es una ilusión.

En ocasiones, cuando meditamos, vislumbramos esta verdad de que todo es una ilusión. Sin embargo, cuando nos levantamos del cojín y nos enfrentamos a la vida diaria, es muy sencillo olvidarlo. A veces esta mente egoica tiene la tendencia a esforzarse mucho en intentar llegar a algún lado, en intentar descubrir la verdad en este preciso instante. Suena muy bien, especialmente porque te he dicho que esa realización es la fuente de la libertad. El ego nos dirá: «Esto está bien, voy a buscar la realización espiritual. Voy a hacer todo lo que pueda para conseguir eso como recompensa espiritual». Nos pedirá que busquemos más conocimiento esotérico, más entrenamientos y más complejidad espiritual. Nos asegurará que cuanto más complicada sea la información y más difíciles las técnicas, más profundas serán. Nos intentará convencer de que cuando más difícil, mejor, de que cuantas más estupideces y más jerigonza contenga, más sagrado será.

Por ese motivo a veces nuestro ego se vuelve adicto al trabajo, intentando descubrir varios métodos de entrenamiento espiritual y acumulando toda esa información conceptual. Entonces piensa: «Ahora sí que estoy yendo a algún lugar, porque estoy poniendo de mi parte. Estoy esforzándome mucho». Sin embargo, la verdad es que nunca funciona de esa manera. En muchas ocasiones, estas complejidades y disciplinas espirituales pueden ser un obstáculo y cegar a nuestra conciencia para que no se dé cuenta de lo que ya está ahí.

El místico indio Kabir descubrió hace mucho tiempo esos juegos del ego. Señaló esas peligrosas trampas a los que estaban practicando diversas disciplinas espirituales. En uno de sus poemas dijo: «El atleta espiritual cambia a menudo de color de ropa, mientras que su mente permanece gris y carente de amor».

Por lo tanto, tenemos que preguntarnos lo siguiente: «¿Cuál es el camino perfecto que nos conduce al despertar?». Evidentemente, no hay una «vía perfecta» o una «vía única» para el despertar. Siempre me gusta recordar la imagen de Buda Shakyamuni sentado durante seis años. Eso le condujo al despertar, y nos enseña que a veces lo mejor que podemos hacer es simplemente sentarnos y descansar. Puede que el ego nos diga: «Eso es demasiado simple. La espiritualidad no puede consistir sencillamente en relajarse. Tiene que haber algo más». Sin embargo, al final siempre se trata de relajarse. Por eso muchos maestros budistas definen la meditación como el arte de descansar o el arte de relajarse.

Cuando nos relajamos completamente, vemos que todos nuestros pensamientos comienzan a disiparse y la mente egoica se va disolviendo de forma automática. La mente egoica es muy poderosa, y si intentamos liberarnos de ella, no podemos. Pero cuando simplemente nos sentamos y nos relajamos, se disuelve sin que hagamos nada.

En cierto modo tenemos la idea de que el ego es el causante de nuestros problemas, especialmente si somos budistas. Tenemos nombres para el ego, como *Mara*, que significa «demonio cósmico». Es el peor calificativo que le puedas dar a alguien. Como hemos estado criticando y apaleando al ego todos estos años, pensamos que tenemos que luchar contra él, resistirlo y trascenderlo. Pero lo cierto es que cuanto más intentamos trascender el ego, más fuerte se vuelve. Es como cuando le dices a alguien que *no* piense en el dinero. Termina pensando en él irremisiblemente. Por lo tanto, a veces debemos abandonar todo esfuerzo de intentar conquistar al ego y liberarnos de él, y limitarnos a descansar. Es muy sencillo. Todo el mundo sabe cómo descansar.

Este tipo de mensaje en realidad no es nuevo. Es un mensaje muy antiguo, antiquísimo, y nos indica que si descansamos en este estado natural de conciencia, en este momento presente, esta conciencia, la mente iluminada, a veces se manifiesta de forma espontánea. La iluminación ocurre inesperadamente, del mismo modo que nos maravillamos cuando vemos saltar a las ballenas en la superficie del océano. Nos dejan sin aliento. A lo largo de los siglos, los meditadores han tenido este tipo de experiencias, sobre todo en la tradición budista. Su belleza reside en que no requiere ninguna metodología especial ni ningún entrenamiento. A menudo ocurre cuando menos lo esperamos. El descanso interior es un terreno sagrado en el que encontramos la luz de la iluminación. Este conocimiento es inherente a todos nosotros. Este hecho está expresado en la metáfora budista de un viajero desesperanzado y exhausto que repentina e inesperadamente encuentra en medio de un vasto desierto una sombra bajo un bello árbol. El árbol y la sombra simbolizan el *dharma*, o el camino a la iluminación. En ese sentido, el camino a la iluminación es completamente simple, aunque puede que no siempre sea fácil. De modo que no tenemos verdaderas excusas para no estar dispuestos a experimentar esta mente. No hay ninguna excusa que valga, ya que todas ellas no son más que ejemplos de la resistencia del ego. En realidad todos sabemos cómo despertar porque todos sabemos cómo descansar.

La meditación consiste en descansar completamente. No solo físicamente, sino de un modo integral. El descanso completo incluye abandonar todo tipo de esfuerzo mental. La mente siempre está ocupada haciendo algo. Tiene muchísimo trabajo que hacer. Tiene que sostener el universo, la existencia, porque si la mente se colapsa, no hay universo. Como dice Buda: «No hay nada real. No hay nirvana. No hay *samsara*. No hay sufrimiento. No hay prisión». Cuando la mente deja de mantener esta realidad mental, ya no hay nada. No hay universo. Es como montar en bicicleta. Cuando montas en bicicleta, tienes que pedalear constantemente. Si te paras y dejas de pedalear, la bicicleta no se mueve por sí sola. Se cae. Del mismo modo, mientras no creemos este mundo imaginario, esta realidad imaginaria, se derrumba. Lo llames como lo llames, *samsara*, realidad o ilusión, se derrumba, porque ya no hay nadie trabajando constantemente para perpetuarlo. Por eso, la mente siente que tiene una gran responsabilidad, que debe construir y perpetuar a cada momento este mundo de ilusiones. De modo que descansar significa pararse, dejar de esforzarnos tanto, dejar de construir constantemente este mundo de ilusiones, este mundo dualista, este mundo basado en la separación entre el yo y los demás, yo y tú, lo bueno y lo malo. Cuando eliminas la mente egoica, la creadora de este mundo ilusorio, la realización ya está ahí y se alcanza automáticamente la verdad. Por lo tanto, el fundamento de la práctica de la meditación budista consiste en relajarse y descansar.

Creemos que sabemos cómo descansar. Sin embargo, cuando meditamos descubrimos que la mente tiene tendencia a trabajar de manera constante, a hacer un esfuerzo continuo para intentar controlar siempre la realidad. La mente no permanece por completo serena y relajada. Encontramos diferentes capas de esfuerzo mental. Resulta bastante increíble descubrir esto cuando nos ponemos a meditar. Primero pensamos: «Tengo la mente serena y relajada». Sin embargo, si seguimos prestando atención a la conciencia, vemos que hay un esfuerzo muy sutil. Es el esfuerzo de la mente, que intenta controlar la realidad. Quizás esté buscando la iluminación. Quizás esté intentando trascender el ego. O puede que pensemos: «No me gusta lo que estoy experimentando ahora mismo. Me duelen las articulaciones». Tal vez la mente está intentado... cualquier cosa... para terminar ya de meditar. La mente siempre se está inventando historias. Siempre está escribiendo un guion cósmico. Por lo tanto, la idea de descansar completamente implica abandonar *todo* eso. Abandonar todo el pensamiento. Abandonar todo el esfuerzo de la mente y permanecer por completo en ese estado natural de la mente, la verdad, «lo que es». Cuando lo hacemos, nos damos cuenta de que la realización ya está ahí.

A veces el mero hecho de sentarse a meditar es maravilloso. La educación budista comienza esta practica en posición sentada al igual que hizo Buda Shakyamuni, que estuvo meditando muchos años. Eso es lo que conlleva el hecho de seguir el camino budista. Tarde o temprano tendremos que dedicar algo de tiempo cada día a meditar. Yo siempre animo a todo el mundo a que empleen un tiempo de su vida diaria a meditar. Podemos establecer veinte minutos, cuarenta, una hora o unas cuantas horas. El hecho de sentarse a meditar implica cerrar la boca, evitar cotillear y decir tonterías, y rezar. En ocasiones la oración puede ser otro tipo de ruido mental o una expresión de fe ciega en un sistema de creencias rígido. Dado que la oración ha sido utilizada a menudo por tradiciones religiosas fundamentalistas y dualistas, es muy fácil que la empleemos de forma incorrecta. Pero eso no quiere decir que no debamos rezar. La verdadera oración es la rendición de todos nuestros conceptos, incluida la idea de un poder superior que la rechazará o la aceptará.

Por favor, no pienses que estoy sugiriendo que no deberíamos rezar. Podemos rezar todo lo que queramos. Lo único que estoy diciendo es que es muy importante encontrar un rato cada día para meditar en silencio. Es fundamental que a diario tengamos un tiempo en el que podamos dejarlo todo a un lado y mantener un silencio especial. No se trata solo de una ausencia de agitación. Tiene el poder de conducirnos directamente a una paz profunda en la que podemos ver cómo son realmente las cosas.

En una ocasión visité la famosa catedral de Notre Dame, en París. Me asombró totalmente su grandiosidad, y no pude evitar ponerme a rezar. Como soy budista, no rezo oraciones cristianas, pero también me resultaba extraño recitar oraciones budistas en aquel lugar sagrado. De forma muy natural, me quedé en silencio y sentí una gran paz. Del mismo modo, resulta muy difícil equivocarse con la meditación en posición sentada.

Por lo tanto, el fundamento del entrenamiento budista consiste en practicar la meditación. ¿Qué es la meditación? No es más que el arte de descansar y relajarse. Siempre me gusta contar esta historia. Es la historia de un mono que fue al lugar en el que Buda estaba meditando en posición perfecta. Permanecía en completo silencio, sin moverse lo más mínimo, de modo que el mono no sabía si estaba vivo o muerto. Estaba tan relajado que cuando el mono le hizo cosquillas, no reaccionó. Finalmente, el mono comenzó a imitarlo. Se sentó en esa posición perfecta, con las piernas cruzadas y la cabeza ligeramente inclinada. Comenzó a prestarle atención a su respiración y al poco tiempo se iluminó allí mismo. Es una comparación maravillosa, muy profunda pero al mismo tiempo muy simple. Lo que nos muestra es básicamente que la esencia de la iluminación no es complicada. No es algo que requiera mucho esfuerzo. Es tan sencilla que por eso a veces resulta tan difícil apreciar la meditación.

He practicado mucha meditación a lo largo de mi vida, y a menudo he pensado que no era suficiente porque no había fuegos artificiales, no ocurría nada especial. Además, cuando alguien nos pregunta qué es lo que hemos estado haciendo durante los últimos años, resulta algo embarazoso decir: «Bueno, lo único que he hecho ha sido estar sentado». Quedamos mejor si hablamos de nuestros logros, si presentamos una lista con nuestros objetivos cumplidos. Puede resultar muy embarazoso decirle a alguien que lo único que hemos hecho ha sido estar sentados. Estar sentados durante seis meses o durante un año. Para el ego resulta embarazoso anunciar esto como uno de los denominados logros espirituales.

Una vez que descubrimos nuestra afinidad con la meditación, creo que significa que estamos muy cerca del despertar. Intenta desarrollar una afinidad con la meditación. Simplemente siéntate a meditar todos los días. Al principio habrá todo tipo de reacciones al hecho de sentarse. El ego intentará convencernos de que el mero hecho de sentarse no es lo suficientemente bueno. Opondrá mucha resistencia. Nos dirá que estamos muy ocupados, que no tenemos bastante tiempo. Puede que nos cueste madrugar por la mañana. Puede que dejemos las cosas para más tarde. Puede que el ego nos diga: «Hoy no tengo tiempo para meditar. A lo mejor medito mañana. A lo mejor medito dentro de un mes». El ego siempre está oponiendo resistencia. Crea formas burdas de resistencia que a veces son completamente obvias. También crea formas sutiles de resistencia que pueden resultar más difíciles de notar, pero el objetivo de todas ellas es impedirnos desarrollar una práctica de meditación regular. De modo que al principio puede que tengamos que forzarnos a meditar. Si realmente somos serios en el despertar, podemos hacernos el propósito de meditar todos los días. Si realmente deseamos descubrir la auténtica realización, solo tenemos una alternativa: practicar la meditación todos los días como la prioridad de nuestras vidas. A menudo es conveniente comprometerse.

A veces regalo cojines de meditación para fortalecer ese compromiso. Cuando se sientan, el cojín les recuerda que se han comprometido a meditar todos los días durante seis meses. A veces viene muy bien hacer este tipo de propósito en presencia de un maestro espiritual o incluso frente a una imagen sagrada como la de Buda Shakyamuni. Para practicar la meditación no tenemos que ser nadie en especial ni saber nada especial. La meditación no es más que el arte de descansar y relajarse. Es tan simple que en ocasiones no nos podemos creer que sea la disciplina suprema. Nos parece que tiene que haber algo más.

Me estoy refiriendo a un profundo descanso, un reposo interior, una pausa en la que abandonamos todo tipo de esfuerzo mental, incluido el necesario para mantener este ser ilusorio. Estoy hablando de una relajación profunda en la que ya no intentamos apegarnos a nada. Cuando contemplamos una imagen sagrada de Buda, podemos comprometernos a meditar todos los días de ahora en adelante, a mantener esta conciencia y esta mente iluminadas a cada momento, cuando estamos meditando y también cuando nos dedicamos a nuestras ocupaciones cotidianas.

Podemos comprometernos y dedicar nuestra vida y nuestro corazón a completar este despertar eterno. Cuando nos comprometemos, descubrimos que en cada uno de nosotros hay una fuerza que nos permite superar toda resistencia, todas las tácticas que emplea el ego para poner en peligro nuestro camino al despertar. Esta fuerza interior nos ayuda a superar el miedo, la inseguridad, la duda y la distracción. Nos ayuda a superarlo todo.

CAPÍTULO 3

SATISFACCIÓN INTERIOR

Abandonar únicamente el apego

L a felicidad es algo que todos deseamos aunque no siempre lo admitamos. Es la razón por la que estamos en el camino espiritual. Es el motivo por el que buscamos mantener una relación, forjarnos una carrera y todo tipo de logros. Todas nuestras actividades están motivadas por intentos de lograr la felicidad que todos deseamos. Y esto, conviene admitirlo. A veces somos un poco pretenciosos. No queremos reconocer que vamos en pos de la felicidad porque es algo que suena vano y superficial. Dado que somos buscadores espirituales, pensamos que al menos debemos fingir que más que la felicidad lo que deseamos es el despertar o la iluminación. Pero en el fondo lo que todos ansiamos lograr es la felicidad.

No tiene nada de malo desear la felicidad, pero hemos de definir qué es realmente la verdadera felicidad. Hay muchas versiones distorsionadas de ella, de modo que precisar lo que es supone un paso muy importante. La felicidad no es algo que podamos lograr acumulando objetos o logrando nuestras maravillosas ilusiones. La satisfacción no consiste en tenerlo todo. La satisfacción es un estado interior en el que el apego y el miedo están totalmente ausentes, un estado mental en el que el deseo obsesivo continuo de «quiero esto, quiero lo otro» ha cesado completamente. De modo que, en realidad, la satisfacción es un estado de vacío más que de tener todo aquello que hemos deseado y en lo que hemos soñado.

Permíteme que te ponga un ejemplo. Si queremos crear espacio en una habitación y empezamos a meter en ella un montón de cosas, no lo conseguiremos. La habitación se quedará llena de basura. Así que, ¿cómo podemos crear espacio? Tenemos que empezar a deshacernos de todo lo que sobre. Simplemente eliminar todo lo que no sirva, librarse de todo aquello que no necesitamos. Del mismo modo, para lograr satisfacción, se requiere una conciencia que es como crear espacio. No se trata de tener más, de acumular más, sino de abandonar esto y lo otro. Cuando lo abandonamos todo, vemos que el espacio que queríamos crear ya está ahí. Igualmente, la satisfacción interior ya está ahí, y esa es la verdadera felicidad. No hay otra iluminación aparte de esa.

El auténtico camino espiritual implica lograr la satisfacción abandonando todo el apego. Por eso la propia esencia de la enseñanza de Buda se denomina ausencia de apego. Él incluso definió el *dharma* como el camino del no apego. Pero existe una gran diferencia entre abandonarlo todo y abandonar el apego a todo. Yo no creo que tengamos que ir en la dirección de intentar siquiera abandonarlo todo. En cualquier caso, es imposible. No podemos abandonarlo todo. Hay muchas cosas a las que no podemos renunciar. Resulta obvio que no podemos abandonar nuestras necesidades básicas. Necesitamos una casa, comida, ropa, etc. Cuando lo pensamos, al final nos damos cuenta de que no podemos prescindir de todo, pero no hay ningún problema en ello.

Por ejemplo, cuando viajo siempre intento llevar una maleta pequeña. Revuelvo entre todas mis pertenencias y trato de llevarme solo unas cuantas. Hago un repaso de todo. ¿El cepillo de dientes? Tengo que llevármelo. ¿La pasta de dientes? Me hace falta. Al final me percato de que no puedo dejarme nada. Creo que el proceso de abandonarlo todo es como el proceso de hacer la maleta. De modo que no tienes por qué abandonar nada. De hecho, este camino consiste en devolverlo todo, devolver todo tu placer y disfrute como un tipo de no apego, lo cual es algo paradójico. Pero si tienes una mente que sabe cómo trascender el apego interiormente, tiene sentido. De lo contrario, no lo tendrá.

Hay una historia acerca del gran rey indio Indrabodhi. Un día se acercó a Buda y le preguntó:

—Quiero encontrar la liberación. ¿Qué tengo que hacer?

Buda le contestó:

—Tienes que convertirte inmediatamente en monje y renunciar a todo.

Como a Indrabodhi le gustaban los placeres de la buena mesa, la diversión, etc., no estaba dispuesto a abandonarlo todo y convertirse en monje. Le pidió a Buda que le mostrara un camino a la liberación en el que no tuviera que abandonar nada. Se dice que Buda le enseñó ese camino.

La esencia de la práctica espiritual consiste en abandonarlo todo interiormente. Requiere una comprensión muy especial, ya que normalmente resulta difícil. Puedes tenerlo todo, pero no te puedes apegar a nada. Puedes comerte un helado, pero no te puedes apegar a él. ¿Quién es capaz de hacer eso? Cuando nos tomamos un helado de fresa, nos apegamos a él. Queremos más. Cuando estamos apegados, deseamos más pero eso no es saludable, porque puede que sea la última vez que tomemos helado de fresa. Cuando estamos apegados a algo, sentimos que *debemos* tener más. Nos acordamos de lo bueno que estaba el helado y a veces lo utilizamos incluso como mecanismo antidepresivo. De modo que puede ser algo muy desafiante. Podemos tenerlo todo. No es necesario que abandonemos nada, y al mismo tiempo, no podemos apegarnos a nada.

Hemos de recordar que el desapego es el único camino a la gran liberación. No hay ningún otro camino. Pero el modo en que lo recorramos depende completamente de nosotros. No hay una manera especial, una manera perfecta de practicar el desapego. Hay muchas maneras, cientos de ellas, en las que podemos llevar a cabo el camino del desapego. A veces hay personas, como los monjes y las monjas, que lo abandonan todo. Esa es su manera de renunciar al apego. Y a veces no abandonamos nada. Igual que el rey Indrabodhi, seguimos teniendo todo lo que hemos estado protegiendo, nuestra profesión, posesiones, estilo de vida, posición, relaciones y proyectos. Lo mantenemos todo sin dejar nada atrás. Y a pesar de eso comprendemos la esencia del mensaje de Buda. De ese modo practicamos el desapego de forma interior en lugar de abandonar exteriormente nuestra obsesión y nuestra identificación con todo.

Déjame que vaya al fondo de la cuestión. ¿Cuál sería la forma más hábil y efectiva para todos nosotros de llevar a cabo el camino del desapego, especialmente si optamos por el camino de la vía del medio, sin caer en ningún extremo ni de indulgencia ni de austeridad fanática? ¿Cuál sería la perfecta vía del medio de desapego en nuestra vida cotidiana? En mi opinión, es necesario que abandonemos ciertos objetos y aspectos de nuestra vida, incluso física y externamente. No tiene nada que ver con el hecho de practicar la austeridad. En Oriente hay gente que ingresa en la vida monástica para dedicarse en cuerpo y alma al camino de la contemplación y aprender a abandonar el apego. Este no es un tipo de vida adecuado para todo el mundo. Resulta muy desafiante ser monje o monja, especialmente para aquellos de nosotros que vivimos en un mundo moderno.

A pesar de ello, es muy positivo renunciar a algo. Renunciar a algo que sea una distracción y una complacencia, que nos impida afrontar la realidad, una realidad que hemos estado intentando evitar. Hay una parte de nosotros que está muy asustada y es muy cobarde. Esa parte opone una gran resistencia porque no quiere pasar por la prueba suprema del abandono de todo apego y llegar a despertar. Siempre hay una última prueba esperándonos. Y tenemos que pasarla para despertarnos completamente, para iluminarnos completamente. Si somos capaces de enfrentarnos a ese reto supremo, nos iluminaremos en ese preciso instante. Si nos permitimos atravesar todo el proceso sin escapar, sin dudar y sin ocultarnos bajo máscaras psicológicas de resistencia, podrá producirse la iluminación en este preciso instante. No es una teoría, no es simple especulación. Es algo que les ocurre y les ha ocurrido a muchos grandes y extraordinarios maestros iluminados a lo largo de la historia.

En general, estamos apegados a muchas cosas. Cada uno de esos apegos es un poderoso obstáculo. Tenemos que ser conscientes de ellos del mismo modo que hay que diagnosticar la enfermedad para lograr la curación. Puede que nos preguntemos por qué tenemos que abandonar los apegos. Bien, ese es el único camino a la felicidad suprema. Por supuesto, estas ideas no tienen sentido inmediatamente para nuestro ego. El ego define la felicidad en términos de adquisición y acumulación. La mayor razón para aferrarnos a nuestros apegos es esta sensación de tener un yo separado. A causa de él, presentamos una tendencia profundamente arraigada a apegarnos fácilmente a todo como medio para definirnos a nosotros mismos. Nos apegamos a ideas y a conceptos porque en cierto modo nos definen.

En el camino espiritual a veces la gente se apega a todo tipo de conceptos sagrados y extraños para explicarse su lugar en este universo gigantesco y misterioso. En el mundo cotidiano nos apegamos a los placeres sensuales y a los entretenimientos por varias razones; las más obvias son la comodidad y la distracción. De modo que tenemos que observar sincera y honestamente. Debemos ver qué tipo de costumbres, indulgencias o apegos estamos utilizando como medio para escapar de algo. Puede resultar bastante sorprendente descubrir qué es lo que hemos estado utilizando para evitar el dolor interior. A veces incluso empleamos simples comportamientos y actividades como escudo contra aquello a lo que no queremos enfrentarnos. Ver la televisión puede ser una gran fuente de distracción. No estoy diciendo que se trate de algo negativo, en absoluto. Estoy seguro de que en la televisión hay programas educativos estupendos. Pero a menudo la gente la utiliza como un medio para distraerse y evitar enfrentarse a su propia realidad, a su propia sombra, a su propia tristeza interior y a su soledad.

Si tenemos la costumbre de ver la televisión desde hace mucho tiempo, puede que descubramos que es muy difícil estar sin esta distracción incluso un día o dos. Tal vez nos resulte bastante difícil, casi un crisis. Podemos descubrir que no somos capaces de afrontar el aburrimiento. Es muy doloroso porque ya no estamos distrayendo a la mente para que no se enfrente a la realidad. Yo recomiendo, como método para lograr la sabiduría del desapego, examinar cuidadosamente nuestro estilo de vida y nuestras costumbres. Si repasamos todas nuestras actividades cotidianas, descubriremos numerosos comportamientos habituales que utilizamos para no vernos obligados a enfrentarnos a nosotros mismos. En cuanto seamos capaces de señalar un hábito concreto, tenemos que ser muy serios, extremadamente serios, e intentar evitar ese hábito concreto, ya sea ver demasiado la televisión, leer o chatear mucho, o beber o fumar demasiado. Escoge algo a lo que estés apegado realmente, un hábito personal al que te apegues como una especie de refugio, e intenta no caer en él. Es conveniente practicar esto aunque no seamos capaces de abandonarlo completamente.

Hay cosas que no podemos abandonar por completo porque, si lo hacemos, la vida no funcionaría. Por ejemplo, en este siglo XXI llamar por teléfono es tan necesario que resulta casi imposible vivir sin tener un teléfono. Y por eso no es necesario abandonarlo completamente. No obstante, al mismo tiempo, si nos damos cuenta de que una de nuestras tendencias para distraer la mente es hablar por teléfono constantemente y charlar y cotillear, reducir ese hábito e intentar no utilizarlo como hasta ahora puede ser una experiencia bastante transformadora y liberadora. Además, puede transformarse en una disciplina, una práctica espiritual perfecta.

La práctica espiritual no siempre consiste en sentarse en un cojín de meditación. Por ejemplo, uno puede decir: «Mi gurú me dijo que me tenía que sentar todos los días a meditar veinte minutos. Lo estoy haciendo. En cuanto me levante puedo hacer lo que quiera». Este enfoque no es válido. Es una forma de engañarse a uno mismo. Nuestra práctica del desapego debe ser una gran parte de nuestra vida en lugar de un pequeño segmento. Uno de los problemas a los que nos enfrentamos a menudo es nuestra incapacidad de integrar la práctica espiritual en nuestra vida diaria. Podemos seguir el camino del desapego y continuar viviendo en el mundo real sin convertirnos en monjes o monjas ni ir a un monasterio o a un convento. En Oriente, muchos de los maestros iluminados fueron padres de familia. Un gran maestro budista, Tilopa, era pescador. Nadie sabía que era un gran maestro, hasta que su famoso discípulo, Naropa, reconoció su realización. Resulta beneficioso ir durante un tiempo a monasterios o a retiros para encontrar soledad y reflexionar sobre las cuestiones importantes de nuestra vida, pero al final tenemos que integrar la práctica espiritual en nuestra vida diaria, en la que la conciencia y la concentración plena bendicen nuestras actividades e interacciones a cada momento. Cuando vivimos con conciencia, nuestras falsas ilusiones y nuestro sufrimiento comienzan a desvanecerse.

En realidad, puede que al principio tengamos que luchar. Si nos dirigimos por primera vez al camino del desapego de modo serio, habrá algo de lucha, momentos en los que nos demos cuenta de que hemos fracasado una y otra vez. A veces sentiremos que hemos fracasado tanto en este camino del desapego que quizás pensemos que debemos abandonarlo totalmente. No hay ningún problema, porque ya hemos fracasado completamente. ¿Por qué tenemos miedo de volver a fracasar? Ya lo hemos hecho de una forma tan rotunda que hemos perdido la noción de quiénes somos. Hemos perdido la unidad con nuestra verdadera naturaleza, la conciencia de quiénes somos, y ese es el mayor fracaso que existe. En comparación con el hecho de perder la unidad con nuestra verdadera naturaleza, no hay nada que sea realmente una tragedia o un fracaso serio. Esto ya nos ha ocurrido a todos desde el principio y por eso es imposible volver a fracasar. Cualquier fracaso subsecuente no es más que una idea: «Ay, voy a perder el trabajo. He fracasado», «No he aprobado el examen. He vuelto a fracasar», «Mi relación se está derrumbando. Un nuevo fracaso», «Mi meditación está llena de turbulencia. He fallado», «No he sido capaz de vivir la vida que soñaba. No soy capaz de vivir de acuerdo con mis ideales. He fracasado»… Todo eso son conceptos.

El auténtico fracaso es que hemos perdido la unidad con nuestra verdadera naturaleza. Más allá de eso no hay fracaso alguno. Todo lo demás es solo una percepción, una idea.

Por supuesto, podemos vivir en esa ilusión de fracaso para siempre y atormentarnos día tras día. A veces nuestra mente es el mayor reto al que nos enfrentamos, más desafiante que cualquier otro desafío exterior. La mente puede ser muy destructiva, muy peligrosa. Puede convertirse en nuestro mayor adversario, especialmente cuando elige vivir en percepciones distorsionadas de la realidad. Podemos comer manjares suculentos, podemos vivir una vida maravillosa, y a pesar de ello no estar satisfechos mientras vivamos en percepciones distorsionadas. De modo que el fracaso solo es un percepción, eso es todo. No debemos preocuparnos por el hecho de fracasar continuamente, una y otra vez. De hecho, cada vez que fracasamos deberíamos regalarnos una chocolatina de premio. Podemos darle la vuelta a esta idea del fracaso y la recompensa. ¿Por qué no? No pasa nada por fracasar, porque ya hemos fracasado.

Hay una etapa en la meditación en que desaparece por completo el fuerte apego a la esperanza y al miedo, y es sustituido por una sensación de certeza en nosotros y también en el viaje en el que estamos inmersos. A partir de ese momento, incluso cuando nos encontremos con emergencias, momentos de miedo, terror, soledad o desesperación, no perderemos completamente nuestra sensación de serenidad interior. Al final, a través del cultivo de la meditación, el desapego y la concentración plena, nuestra serenidad siempre estará ahí tan majestuosa como una montaña. Una montaña es tan poderosa que se mantiene erguida en un terremoto, en una tormenta, cuando hay rayos y truenos. Del mismo modo, nosotros seremos capaces de estabilizar la conciencia, que es como una montaña, independientemente de lo que esté ocurriendo dentro y fuera de ella. Nuestra conciencia se estabilizará y al final ya no nos identificaremos con las circunstancias.

Cuando nos identificamos con las circunstancias, no tenemos una sensación de alegría o satisfacción interior eterna. A veces somos infelices. A veces nos damos cuenta de que estamos despiertos y al momento siguiente nos percatamos de que no es así. En algunas ocasiones nos sentimos radiantes como un día maravilloso y en otras, sombríos, igual que el tiempo. La conciencia fluctúa entre la tristeza y la felicidad, la alegría y la depresión, el dolor y el placer. La mente siempre está oscilando entre dos extremos.

Hay otro estado, el de la ecuanimidad. Cuando la mente se aproxima a este estado, nos dice: «Esto es muy aburrido. Sal de ahí». Y tendemos a saltar a otro extremo de emoción o sentimiento. Pero justo ahora nos estamos identificando con las circunstancias: la felicidad y el sufrimiento, la separación y la unión. Cuando nos identificamos con las circunstancias, estamos siempre sometidos a la tristeza y la confusión, y no hay ninguna fuente de libertad eterna.

La premisa fundamental de toda enseñanza mística es que hay una naturaleza divina en todos nosotros. En el budismo la llamamos naturaleza búdica. Cuando ya no nos identificamos con las condiciones externas, nos encontramos en el reino de la ecuanimidad. Somos uno con nuestra verdadera naturaleza, que es completamente indestructible, perfecta y sublime tal como es, para siempre. La naturaleza búdica no puede resultar afectada por circunstancias tales como la enfermedad, el hecho de ser rechazados o la muerte. No hay nada exterior que pueda dañar a la naturaleza búdica, ya que es como un diamante. Un diamante simboliza lo valioso, perfecto, sublime, maravilloso e indestructible —especialmente indestructible—. Del mismo modo, nuestra verdadera esencia es indestructible. Nada puede herirla. Somos totalmente perfectos porque nuestra naturaleza básica es indestructible y nada puede condicionarla

Nuestra verdadera esencia es perfectamente sublime y divina. Es lo más grande de este universo, es la entidad más sagrada. La verdadera naturaleza que todos compartimos es más sagrada que ninguna otra cosa. De modo que si somos capaces de identificarnos con nuestra verdadera naturaleza, nuestra conciencia pura, desaparecerá todo nuestro sufrimiento. Eso es la liberación. Eso es todo. No hay nada más. Una vez que nos identificamos con la conciencia pura, eso es la iluminación. Eso es la liberación. Eso es el *moksha*. No hay nada más. Por lo tanto, la comprensión está siempre ahí y no necesita nada del exterior.

CAPÍTULO 4

CONCENTRACIÓN PLENA

Disolver las creencias erróneas
en el fuego de la conciencia

Buda estaba adelantado a su tiempo. Vivió en una época y
una cultura dominadas por la mitología, la superstición y
una visión del mundo limitada, pero él trascendió todas esas
limitaciones. Trascendió todas esas ilusiones y proclamó que
el único modo de alcanzar la libertad es a través de la realización de la verdad. Y ¿qué es la verdad? ¿Cómo la definimos?
¿Es una teoría, un concepto? ¿Tal vez algún tipo de presencia
omnipotente? En realidad, en su sentido máximo, la verdad
no es nada de esto.

La verdad no es conceptual. No podemos entenderla
nunca ni lograrla a través de conceptos e ideas. De hecho,
la verdad no se tiene que comprender, se tiene que experimentar, saborear, como el néctar. No hay nada que entender
sobre el néctar. Se puede saborear, paladear y experimentar.

Con la verdad ocurre lo mismo. Hay que experimentarla, no especular sobre ella. Podemos teorizar infinitamente acerca de qué es la verdad, seguir añadiendo cada vez más información, cada vez más capas de ideas y conceptos al banco de conocimiento de nuestra mente intelectual, pero nada de eso nos va a servir en nuestra búsqueda.

«¿Cómo puedo alcanzar la verdad?». Este es el centro de la cuestión, y debería ser nuestra prioridad, nuestra primera aspiración y nuestra resolución más profunda. Si existe alguna obsesión sana, es la obsesión de alcanzar la verdad. Todos tenemos obsesiones en la mente. Hay personas obsesionadas con ganar dinero y otras con disfrutar de los placeres sensuales. Algunas se vuelcan en su aspecto físico, de modo que gastan un montón de dinero en intentar mantener un aspecto juvenil. Otras, en la salud y otras, en la espiritualidad. Desafortunadamente, algunos individuos están incluso obsesionados con el odio, con la idea de hacer daño a los demás para satisfacer su estado de ego profundamente negativo. Esto provoca violencia y guerra, y tiene como resultado dolor y sufrimiento. También hay personas obsesionadas con las ideas y los conceptos, con acumular conocimiento. Sin embargo, al final ninguna de estas obsesiones tiene sentido.

En la terminología budista, la verdad se denomina «vacío», porque la verdad está vacía de todas las ilusiones. No confundas este vacío con una nada nihilista. El vacío es la fuente de todo cuanto existe, el reino infinito del amor y la compasión, el fuego divino que abrasa todos los conceptos y el agua sagrada que lava toda la miseria. A pesar de ello, desde la posición estratégica del ego, el vacío parece ser la oscuridad de lo desconocido, algo que amenaza a la propia base de nuestro ser. Sin embargo, si te limitas a renunciar a toda tu resistencia, descubrirás que ese vacío, o la verdad, es tu mejor amigo. Este amigo nunca te ha abandonado y nunca te abandonará en el futuro. Una vez que te enamores de la verdad, tendrás una relación interminable y todo tu deseo se verá satisfecho. Una de las cuestiones más complicadas, algo que a menudo nos impide alcanzar la verdad, son las ofertas tentadoras y los diversos métodos que se nos ofrecen para lograrlo. La mayoría de ellos son innecesarios, no son más que una forma de posponer el encuentro final con la verdad. Por ejemplo, no necesitamos un telescopio para ver lo que tenemos en la palma de la mano. Asimismo, la verdad siempre está frente a nosotros y no es necesario que vayamos a ningún lado para encontrarla. Sin embargo, muchos de nosotros, en nuestra búsqueda de la verdad, quedamos atrapados en la ejecución de rituales vacíos y en la especulación intelectual. Tarde o temprano nos agotamos, abandonamos esa búsqueda y es entonces cuando vislumbramos de forma natural la verdad que habíamos estado buscando durante eones de tiempo.

Al abrazar y vivir la verdad, logramos la libertad interior, que es el único nirvana que hay que encontrar. La liberación es el cese de todas las creencias erróneas. Estas se convierten en obsesiones, que no son más que el esfuerzo y la lucha descarados del ego para intentar mantener su endeble existencia. El nirvana no es un hermoso jardín celestial plagado de albaricoques y mangos, un lugar en el que todo el mundo camina rodeado de un halo. No es un lugar en el que, en cuanto lleguemos, nos vayan a recibir miles de personas agitando banderas y al son de trompetas. Esa no es realmente la definición de nirvana o iluminación. No es un destino al que vayamos a viajar. No es ni siquiera un estado trascendente de la mente —maravilloso, extático y como de trance— que tengamos que lograr. Eso no es realmente el nirvana. Más bien el nirvana es el cese de la separación entre nosotros y la verdad, mero reconocimiento de lo que ha existido siempre, como despertar de una pesadilla. Es un gran alivio descubrir que no hay que hacer nada.

A veces me gusta pensar en la verdad como la imagen de un viejo e iracundo maestro budista que nos agarra, nos zarandea y nos grita: «¡Déjalo ahora mismo!». La verdad puede ser iracunda. Termina por destruir todas nuestras ilusiones, por mucho cariño que les tengamos. Cuanto más nos acercamos a ella, con más claridad vemos que debemos abandonarlas todas, incluso esas que han estado con nosotros mucho tiempo. En ocasiones sentimos que tenemos que mantenerlas porque nos hemos comprometido demasiado con ellas. Pero no podemos trascender nuestras ilusiones a menos que vayamos más allá de todos nuestros sistemas de creencias, muchos de los cuales los hemos tomado de los demás. La mayoría de nuestras creencias están dictadas por nuestra cultura, por nuestra educación y por todas las situaciones a las que hemos estado expuestos desde que nacimos. Abandonar nuestro condicionamiento interior es algo así como perder los dientes de leche. Puede dar un poco de miedo o ser incómodo, pero es necesario que haya espacio para nuestros dientes adultos, más fuertes y más permanentes.

Hay una frase ilógica que afirma que tienes que alcanzar la verdad para realizar la verdad. ¿Hay algún tipo de preparación para esta cita con la verdad? No existe una respuesta ya elaborada y perfecta para esto, aunque tenemos muchas respuestas a nuestra disposición. Si pasamos mucho tiempo preparándonos, puede que nos perdamos en ello y nunca abandonemos nuestro viejo mundo. Por otra parte, sin preparación no ocurre nada. Cada uno tiene su propia manera de prepararse. Una de las formas más importantes de hacerlo es encontrar un maestro espiritual que nos ayude a despertar. No me estoy refiriendo a un maestro espiritual que ejerza de gurú como en algunas tradiciones orientales. El maestro espiritual se manifiesta de muchas maneras y en muchas situaciones diferentes de la vida. Cuando deseemos completamente ser libres, el universo será nuestro maestro, la propia vida será nuestro guía. Una frase budista famosa dice: «Cuando el alumno está preparado, aparece el maestro».

La forma de distinguir si es el maestro adecuado consiste en comprobar si está añadiendo ilusiones a las que ya cargamos nosotros. No necesitamos a nadie que nos ofrezca ilusiones mejores. El mejor maestro es el que destruye todas nuestras creencias y nos deja con nuestra integridad natural. El verdadero maestro nos señalará quiénes somos realmente en lugar de quién es él. Si estamos buscando seguridad y credos, o si ya los hemos encontrado, podemos estar seguros de que nos estamos alejando de la libertad con el maestro equivocado.

No dejo de decirle a todo el mundo: «Por favor, abre el corazón. Por favor, abre la mente». Puede que te preguntes por qué tenemos que abrir tanto el corazón y la mente. Una mente abierta es un desafío para el ego. Este siempre quiere mantenerse y proteger lo que ya conoce. Para él, lo desconocido siempre es una pesadilla. Rendirse a lo desconocido es como caminar por una selva por la noche. En el proceso de abrir la mente, perdemos el firme apego a la base conceptual de nuestro ser, que no es más que una identidad errónea. Esta falsa identidad es un conglomerado de conceptos, impulsos, recuerdos y fantasías. De esa combinación, extraemos una sensación de lo que somos y la certeza de cómo navegar en el mundo. Cuando abrimos la mente, nuestra ilusión del yo se tambaleará, y junto con ella se tambaleará también buena parte de la realidad que nos resulta familiar. En la historia de la humanidad, cultivar una mente abierta siempre ha sido una tarea ardua. Piensa en cuánto tiempo tardó la humanidad en aceptar el hecho de que el mundo no es plano y de que la Tierra está muy lejos de ser el centro del universo. Por otra parte, todos nuestros logros científicos únicamente fueron posibles gracias a que algunas personas se atrevieron a ser valientes, a abrir la mente a nuevas formas de pensamiento, a nuevas formas de ser.

¿Qué significa una mente abierta, especialmente en relación con nuestra búsqueda de la libertad, la verdad y el nirvana? El nirvana, o como lo quieras llamar, es un total desmantelamiento de nuestros rígidos patrones y hábitos mentales así como de nuestros limitados credos. Este desmantelamiento crea un espacio para la verdadera búsqueda. Cuando abrimos por completo el corazón y la mente, hallamos un espacio en el que podemos experimentar algo nuevo, una nueva verdad, una nueva realidad, un milagro que no hemos experimentado nunca antes. Podemos ver la vida de forma diferente, ya que disponemos de oportunidades nuevas y más amplias, de otros horizontes. Por lo tanto, es necesario tener una nueva mente. Esto no solo es cierto en relación con la verdad, sino también con nuestra vida cotidiana.

Por ejemplo, la primera vez que vine a los Estados Unidos, tenía la mente y el corazón muy cerrados a la comida occidental. Temía en especial dos alimentos: el tomate y el aguacate. El tomate me recordaba a un coágulo de sangre y el aguacate, a una especie de grasa repulsiva. Me había creado imágenes mentales e historias sobre ellos por la sencilla razón de que no tenía la mente y el corazón abiertos a ellos. Estaba intentando defender mis antiguos sistemas de creencias sobre los sabores y la dieta. No me sentía preparado para abrir el corazón a esos alimentos. No había manera. No hacían más que surgir en mi mente una serie de ideas negativas: «Bueno, puede que el tomate sea delicioso. Quizás debería probarlo alguna vez, pero hoy no. Tal vez mañana o dentro de unos meses estaré preparado para probar el aguacate, pero sin duda no ahora». En realidad no tenía ninguna buena razón para no probarlos, pero a mi mente no hacían más que ocurrírsele razones: «No creo que esté bueno. A lo mejor es asqueroso. Parece sangre, muy repugnante». Eso era suficiente para impedirme probar el tomate y el aguacate, de modo que durante mucho tiempo no tuve el corazón abierto.

Hasta que un día, de repente, se me abrieron completamente el corazón y la mente a ellos y los probé. Estaban bastante buenos. Ahora me gustan tanto los dos que no me puedo imaginar la vida sin ellos. Son realmente deliciosos. Han cambiado por completo mi vida. A veces siento deseos de juntar las palmas de las manos en oración para expresar mi gratitud al tomate y al aguacate.

La verdad es algo parecido. No abrimos el corazón y la mente porque no hemos experimentado el beneficio que conlleva. Una vez que hemos vislumbrado la verdad, ya no hay ningún problema. Ya no hay preocupación. Toda la cuestión de si estamos dispuestos a abrir el corazón y la mente a la verdad ya no es una preocupación. Pero cuando no la hemos experimentado, se convierte en algo que nos inquieta. Por supuesto, tenemos que saber cómo abrir el corazón completamente, no solo una parte. En ocasiones, lo abrimos ligeramente y después lo volvemos a cerrar. Lo abrimos hasta que estamos casi ahí y después encontramos maneras de cerrarlo. El ego pone en peligro nuestra entrada a la gran liberación porque no desea abandonar el control. El ego no quiere disolverse. No quiere morir, porque siempre se está apegando a este mundo transitorio y fugaz de infelicidad y lucha.

Cuando digo «este mundo», no me estoy refiriendo al mundo físico. El mundo físico es maravilloso. No tiene nada de malo. Cuando hablo de un mundo de sufrimiento, me refiero a nuestro mundo mental. Lo creas o no, pasamos mucho tiempo en ese mundo mental, el mundo de la dualidad, casi veinticuatro horas al día, la mayor parte de nuestra vida. Este mundo de la dualidad y de separación está repleto de continuo conflicto, lucha y angustia, porque está compuesto de emociones negativas tales como el odio, la ira, las críticas, etc.

De modo que la verdad, o el nirvana, no es más que un estado en el que abandonamos completamente todas nuestras ideas equivocadas, todos nuestros conceptos erróneos, todas nuestras ilusiones. El nirvana es como el cielo en el sentido de que ya está aquí. Siempre está aquí. Justo ahora. El nirvana es como un cielo que está totalmente cubierto de nubes. Pero incluso cuando no lo vemos, el cielo está siempre ahí. Está siempre presente, eternamente. Las nubes solo son fenómenos temporales, fugaces. Al final desaparecerán y se verá claramente el cielo que siempre ha permanecido ahí. Nuestras ideas equivocadas y nuestros conceptos erróneos son los velos internos que nos impiden alcanzar la verdad. Una vez que sabemos cómo limitar esos impedimentos interiores, esos velos internos, alcanzaremos instantáneamente la verdad. Justo en ese instante, veremos de repente que el nirvana siempre ha estado ahí. Lo que hemos buscado durante nuestro largo viaje ha estado con nosotros todo el tiempo. Descubrimos que en realidad nunca hemos salido de casa; toda la búsqueda resultó ser una parte inútil, pero al mismo tiempo necesaria para descubrir lo que ya estaba ahí.

Lo creamos o no, siempre nos encontramos en el reino de la verdad. La verdad suprema es la realidad que está por todas partes. El nirvana es el reino de la expresión de la verdad suprema. Suena bien, ¿no es cierto? Siempre es posible alcanzar esta verdad maravillosa desde este momento hasta que nos muramos y después de la muerte. Si es así, ¿por qué nos esforzamos tanto para reunir toda esa información espiritual, sin que parezca que llegamos a ningún lado? Es bastante paradójico, ¿no? Somos como personas junto a un río que fluye libremente, y a pesar de ello, sedientos. Tenemos un vaso vacío, y vamos pidiendo a cada individuo que pasa que nos dé un poco de agua. ¿Acaso quien se encuentra junto al río tiene alguna razón convincente por la que no deba beber de él? No hay ninguna razón. Simplemente está mirando en dirección equivocada. Se ha olvidado de mirar hacia abajo. Lo único que debe hacer es mirar hacia abajo, e inmediatamente se dará cuenta de que se encuentra junto a un río con un flujo interminable de agua fresca.

En ese sentido nuestro camino espiritual es realmente simple, porque no se trata de adquirir, acumular o conseguir nada. Se trata de abandonar lo que no necesitamos. Se trata de abandonar lo que no es útil en lugar de adquirir cosas con la idea de ir a alguna parte o conseguir algo. Eso era el viejo juego. Ese juego al que hemos estado jugando durante mucho tiempo es como un círculo vicioso. No tiene fin. A veces la propia búsqueda espiritual nos impide ver la verdad que siempre es una con nosotros. Tenemos que saber cuándo detener la búsqueda. Hay personas que mueren mientras están buscando la verdad más elevada con fórmulas filosóficas y técnicas esotéricas. Para ellas la práctica espiritual se convierte en otra trama egoica que simplemente mantiene y alimenta las falsas ilusiones. ¡Increíble! Buda, Dios, la verdad, lo divino, el gran misterio, sea lo que sea lo que hayas estado buscando, está aquí mismo, en este preciso instante.

En el budismo, el único propósito de la meditación es despertar al nirvana eterno aquí y ahora. La meditación es la puerta directa que nos conduce milagrosamente a él. De modo que es lo único que necesitamos. Al final, también trascenderemos eso. En el camino de la meditación hay dos etapas muy importantes. La primera es la comprensión intelectual. Implica investigar e indagar en la naturaleza del sufrimiento y la realidad, el nirvana y el *samsara*, el yo y el otro. A través de este análisis llegamos a esta poderosa comprensión de que no existe ningún *samsara* que haya que rechazar, ninguna infelicidad que haya que trascender, ni siquiera un ser que haya que liberar. Todo eso no es más que nuestros propios conceptos. Mi infelicidad, mi enemigo, mi vida, todos son mis conceptos. Pero se puede vislumbrar eso y seguir siendo infeliz. Quizás eso nos resulte familiar a muchos de los que hemos estado meditando.

La segunda etapa va más allá de todo, lo que quiere decir abrazar continuamente esta comprensión en tu experiencia, vivirla, sentirla en las entrañas e integrarla en la totalidad de tu vida. Lo bueno y lo malo, los éxitos y los fracasos son todos partes de la misma dualidad. Únicamente son reales si te apegas a ellos. Son como historias en un mundo de ensueño que solo aparece en la mente del soñador. Durante esta etapa aprendemos a mantener una mente iluminada frente a todas las circunstancias, una sabiduría interior que lo trasciende todo. Al abrazar y vivir la verdad, alcanzamos la libertad interior, que es el único nirvana que hay que hallar.

El método de trascender consiste en mantener lo que los meditadores denominan «conciencia». En las enseñanzas budistas siempre utilizamos esta palabra. Pero el milagro, la función de la conciencia, es que acaba con todos nuestros estúpidos conceptos. Si visualizara la conciencia de alguna forma, quizás lo haría como un fuego poderoso. La conciencia es como un fuego porque quema todas las ilusiones al instante. De modo que su función es en realidad quemarlo todo. Tener conciencia y practicar la conciencia significa que ya estamos dispuestos a trascender, a abandonar todas las creencias, todos los conceptos y todos los pensamientos a cada momento. Es como si nos dijeran que practicáramos la conciencia veinticuatro horas al día, como si fuéramos los héroes de la conciencia, completamente alertas y atentos en todo momento.

Algunos maestros budistas dicen: «No tiembles». Esto significa que no pierdas la conciencia. Me encanta esa expresión. No tiembles. Quiere decir quédate quieto, firme, fuerte y disciplinado para mantener esa conciencia como un fuego en todo instante. Una vez que se logra la conciencia, se mantiene por sí sola y no tenemos que estrujarnos el cerebro para asegurarnos de que continúa ahí. La conciencia se mantiene a sí misma. Por eso no hay que hacer ningún esfuerzo.

Cuando creemos que tenemos un problema, cuando creemos que somos reales, la mente nos está mintiendo, nos está engañando con una creencia equivocada. El ego hace que creamos en una entidad ilusoria e irreal. Por lo tanto, nuestra práctica debería ser trabajar constantemente para ser conscientes y trascender y erradicar todos los conceptos y las ideas limitadoras que tenemos.

Simplemente nos libramos de todos nuestros conceptos, que no dejan de producirnos dolor. Siempre mantenemos una relación con los conceptos, y hay muchos. Cada uno de ellos tiene un guion. Piénsalo. «Soy poeta». Eso es un concepto. «Soy estúpido». Eso es otro concepto. «Soy una mujer». Eso es un concepto. «Soy un hombre». Aquí tienes otro concepto. «No tengo bastante dinero, pero si tuviera un millón de euros, sería feliz». Un concepto más. Todos son conceptos. Libérate de ellos inmediatamente sin siquiera meditar, sin siquiera analizarlos. Trasciende todos los conceptos limitadores en cuanto surjan. Deja que se vayan antes incluso de tener tiempo para meditar, antes de tener tiempo para examinar lo que hay en su interior, antes de ver si son reales o no. La idea es simplemente abandonarlos.

Si llevamos este mensaje a lo más profundo de nuestro ser y deseamos con el corazón abierto vivir cada momento, creo que nos liberaremos. Nos iluminaremos. Si llevamos este mensaje al fondo de nuestro corazón y vivimos de acuerdo con él como si fuera el guion supremo de nuestra vida, nos despertaremos a cada momento. La llave está a nuestra disposición. Ahora tenemos que abrir la puerta del palacio del gran despertar.

CAPÍTULO 5

SIN YO NO HAY PROBLEMAS

El despertar supremo

Hay varias ideas sobre lo que se necesita para alcanzar la iluminación. Algunas personas aseguran que se precisa mucho tiempo para iluminarse y otras, que se puede lograr en muy poco. Algunas afirman que hay diez mil kilómetros entre nosotros y la iluminación y otras, que hay billones. En ocasiones, es difícil decidir cuál es la perspectiva real.

¿Qué es la liberación? ¿Qué es el despertar? Si estamos buscando el despertar como una recompensa moral o como un reino utópico idealizado, la iluminación es como ir en pos del arco iris. Podemos intentar atrapar el arco iris, pero nunca lo conseguiremos. Quizás uno de los obstáculos principales que nos impide tener una experiencia directa de la iluminación es nuestra idea preconcebida de ella. De modo que tenemos que abandonar toda idea preconcebida de lo que es la iluminación. A veces eso puede resultar también un poco incómodo, especialmente si depositamos nuestras esperanzas en ella. En ocasiones, cuando nos piden que abandonemos toda idea que tengamos sobre la iluminación, sentimos que estamos abandonándolo todo, incluso nuestra amada ilusión, la iluminación. ¡Qué inmisericordes e insensibles! Sin embargo, la verdad suprema, o el vacío, es la destrucción de todas las ilusiones, y eso incluye la ilusión de la iluminación.

Cuando meditamos, nos sentamos y nos limitamos a prestarle atención a la respiración, empezamos a ver que hay un «yo», un ego, que está buscando la iluminación y la liberación del sufrimiento. Y si prestamos atención a nuestra respiración y a las sensaciones corporales, al final, todas esas ideas, conceptos e ilusiones comienzan a desvanecerse uno tras otro y se revela la propia verdad. Es como contemplar una montaña cubierta por las nubes. Al principio no vemos la montaña porque está tapada por espesas nubes. Pero si seguimos contemplando, a medida que se disuelven las nubes, comienza a surgir la montaña, que siempre ha estado ahí, y finalmente, cuando todas las nubes se han ido, aparece en todo su esplendor.

Del mismo modo, cuando prestamos atención a la respiración, a las sensaciones corporales y a la conciencia que ruge, todas las ilusiones, sufrimiento, confusión, tristeza y asuntos personales empiezan a desvanecerse. Vemos que todas esas experiencias surgen de la falsa ilusión. Esto es el sentido del «yo»: «Yo soy real. Yo existo realmente». Ha desaparecido todo excepto este «yo», este sentido del ego. Así, cuando continuamos meditando, la sensación del ego también desaparece. Si permanecemos en esa conciencia presente y observamos, también se disuelve el ego y lo único que queda es conciencia pura. Cuando el ego se desmorona totalmente, se desvela esta inexpresable y simple pero profunda y extática conciencia compasiva. No hay nadie ahí. En ese lugar el «yo» es completamente inexistente. No hay separación entre *samsara*, malas circunstancias, y nirvana, buenas circunstancias, y no hay nadie que esté buscando el camino o tratando de alcanzar la iluminación. En ese momento nos damos cuenta de la esencia de la enseñanza de Buda.

Te voy a contar algo de mi vida. Cuando entré por primera vez en el monasterio, tenía muchas fantasías. Pensaba que iba a ser un viaje lleno de visiones, revelaciones, y ángeles y flores descendiendo sobre mí. Una de las primeras oraciones que aprendimos se llamaba «El Sutra del Corazón», que puede ser muy árido para aquellos que no han comprendido su auténtico significado. No es como algunos de esos bellos y extáticos versos místicos. Dice así: «No hay nariz. No hay boca. No hay lengua. No hay sonido, no hay olor, no hay gusto, no hay tacto». A pesar de todo, seguíamos recitando todos los días el Sutra del Corazón hasta que nos lo aprendimos de memoria. De hecho, éramos capaces de recitarlo a una velocidad increíble. Hasta que un día, muchos años después de haberlo memorizado y tras haberlo recitado infinidad de veces, finalmente me aproximé a una sensación de afinidad con su sentido y su significado, a esta idea de que al final no hay nada. Ni siquiera existe la nada. Esta verdad es el gran vacío. El mero hecho de vislumbrar esta idea puede suponer una gran transformación para el resto de nuestra vida.

La propia esencia de toda la enseñanza espiritual consiste en disolver el apego al yo, a la forma, al sonido, al olfato, al gusto, al tacto, a las buenas y malas ideas, y a todos los conceptos. Consiste en abandonar todo apego sin excepción. En el budismo a menudo afirmamos que hay que ser un renunciante para lograr el despertar o la completa liberación a lo largo de la vida. Cuando decimos «renunciante», no nos referimos a convertirse en monjes o monjas externamente, sino a convertirse en monjes o monjas internamente. La forma suprema de convertirse en un renunciante consiste en abandonar todos los apegos internamente, no solo el apego al *samsara* y a aquello que no nos gusta, sino a todo. Debemos abandonar el apego al nirvana y también a lo que nos gusta, porque cuando estamos apegados al nirvana, esa es otra forma de permanecer, de mantener este endeble ego. Por lo tanto, tenemos que abandonar el apego al nirvana y a todo tipo de ego, pues este adopta todo tipo de formas, incluso la forma de un fenómeno espiritual.

Lo creas o no, a veces utilizamos el camino espiritual o religioso para construir la identidad del ego, aunque no sea de un modo consciente. No es una sorpresa, dado que la función de la neurosis es suprimir la conciencia de la realidad. El miedo, el orgullo, la exclusión, incluso el fanatismo no solo están lejos de disolverse, sino que se mantienen firmemente. Eso es lo que hemos estado haciendo durante miles de años, desde el comienzo de la civilización, y aún es uno de nuestros comportamientos favoritos, no de un círculo especial, sino de cualquier tradición religiosa. Puede que continúe indefinidamente a gran escala, ya que seguimos evolucionando. Buda se dio cuenta de que no podríamos liberarnos mientras siguiéramos apegándonos a cualquier forma de neurosis. Antes que él, en la cultura india, los patrones neuróticos se filtraban en las sagradas enseñanzas y escrituras. Cuestiones como el sistema de castas y la discriminación basada en el sexo se consideraban normales. Buda fue el primero en invitar a los intocables y a las mujeres a su congregación, y eso le causó muchos problemas y le creó antagonismos.

La gente siempre me pregunta qué significa ser budista. Mi respuesta es: «Significa no ser nadie». El verdadero camino espiritual no consiste en convertirse en alguien. Consiste en *no* convertirse. Cuando abandonamos este esfuerzo fútil de convertirnos en alguien, la libertad y la iluminación se ocupan de sí mismas. Vemos que ya somos inherentemente divinos, y estamos encantados de comprobar de qué modo tan fluido se desarrolla la liberación.

Al final debemos disolver todos estos mecanismos de defensa de nuestro ego. Eso incluye también los espirituales, porque a veces el ego se manifiesta de diferentes formas, camuflado. Por lo tanto, la verdadera liberación requiere la completa renuncia y trascendencia de nuestro ego, el yo. Puede que pensemos: «Este es el mismo mensaje de siempre, esta idea de erradicar el apego al yo. Ya lo he oído muchas veces. Es más, he fracasado siempre en el objetivo de conseguirlo. La verdad es que vine aquí buscando otra solución diferente. Sigo deseando la iluminación, pero quiero un método diferente». Nuestro ego dice: «Sigo queriendo la iluminación, pero sin todo ese trabajo de erradicar el apego al yo. Haré lo que sea excepto eso. Por favor, vamos a negociar un poco».

Al ego le gusta negociar, discutir con la verdad: «Pídeme lo que sea. Saltaré desde un acantilado, contendré mis impulsos sexuales. Haré lo que sea, pero no me pidas eso. No puedo hacer eso porque, en ese caso, moriré cayendo en la verdad incognoscible». Una vez más, comenzamos a serpentear alrededor de este último deber de disolver el ego o fundirnos en lo que existe. Realmente no hay manera de negociar con la verdad, el vacío. Lo llamemos como lo llamemos —verdad, vacío—, el único camino es disolverse. Cuanto más comprendamos la verdad, más comprenderemos que no hay ningún otro camino.

El único camino en el que podemos lograr un perfecto y total despertar ahora mismo es el que nos lleva a disolver el yo aquí mismo. Pero hay dos formas de trascender: una dolorosa y otra estática. La manera estática se conoce como el camino de la dicha, porque implica una forma de ir más allá del yo sin esfuerzo. ¿Cómo disolvemos el yo dichosamente? Si intentamos hacer la guerra para erradicar el imperio del ego, no tendremos mucho éxito.

Como practicantes espirituales, especialmente budistas, hemos declarado la guerra al ego y lo hemos culpado de nuestros problemas y confusiones. El ego es nuestro chivo expiatorio. Le echamos la culpa de todo como si fuera una entidad separada. Mantenemos una lucha constante contra él, y a veces sentimos que estamos ganándola nosotros y otras, él. En ocasiones el propio yo que está luchando con el ego es en realidad ego, y eso es algo mucho más peliagudo. Pero a veces podemos contemplar directamente nuestra conciencia y preguntarnos: «¿Quién está luchando contra el ego?». A menudo todo se desmorona inmediatamente. Por lo tanto, el camino de la dicha no consiste en declararle la guerra al ego para liberarnos de aquello que veamos como un obstáculo en nuestro camino para nuestro imaginado destino final. Consiste en permitir que el yo se disuelva espontáneamente sin abandonar nada y sin ir a ninguna parte.

¿Cómo conseguimos eso? Hay muchísimas maneras, pero finalmente descubrimos que todas esas maneras son la misma. A veces descansamos y eso es lo único que necesitamos hacer. En las enseñanzas budistas, la meditación se define como el arte de descansar. Cuando descansamos, prestamos atención a la respiración, les prestamos atención a las sensaciones corporales. Al principio vemos un inmenso imperio de conceptos e ideas, pero si seguimos prestándole atención a esa conciencia presente, a esa paz y serenidad, el imperio del ego, ese gran castillo de la ilusión del yo, comienza a desaparecer. En ese momento se desvanece el «yo» y lo que se revela es la pura conciencia. Aparece espontáneamente, justo como aparece la montaña cuando se disuelven las nubes. Del mismo modo, se muestra nuestra verdadera naturaleza. En ese lugar, no hay yo y no hay otro. Sabemos esto a través de la experiencia, no conceptualmente. Sabemos esto de forma directa, sin ninguna duda. Sabemos quiénes somos. Conocemos nuestra verdadera naturaleza, inmediatamente, con total seguridad. Vislumbrar eso es extraordinario.

En ocasiones, cuando nos sentamos y le prestamos atención a la respiración, el ego intenta obstaculizar nuestro camino. Nos dice: «Bueno, esto es muy simple. No estás yendo a ningún lado. No está ocurriendo nada especial. No hay fuegos artificiales. Esto no te va a llevar a ningún lado». Está intentando seducirnos para que persigamos alguna maravillosa y exótica ilusión. Pero si nos limitamos a rendirnos y a permanecer en esa conciencia presente, prestándole atención a nuestra respiración, asombrosamente, muere el ego. Ya no hay un ego que diga: «No me gusta lo que está sucediendo. No me gusta este momento normal. No me gusta estar aquí sentado prestándole atención a la respiración». El «yo» al que no le gusta lo que está ocurriendo ha desaparecido por completo, y al final eso es lo que realmente importa.

Cuando el ego se disuelve, ya todo ha despertado. Los árboles y las rocas se han despertado, los pájaros y las nubes en el cielo se han iluminado. Cuando Buda tuvo este momento de total realización, descubrió que todo el universo ya estaba iluminado. Aún más, descubrió que todas las partículas de la Tierra estaban iluminadas. Vio que cada una de ellas era un paraíso búdico. En cada partícula hay billones y trillones de paraísos búdicos, residen billones de budas. Todo este universo de repente se vuelve iluminado y perfecto tal como es.

Eso no significa que vayamos a estar completamente absortos en una especie de trance espiritual, que perdamos los sentidos, que nos saltemos los semáforos en rojo, que llevemos los calcetines en la cabeza, etc. Por supuesto, el ego nos dirá que no rindamos nuestra mente normal y apegada al yo, porque tendremos una recompensa. El ego siempre intenta impedir que estemos completamente despiertos. Un poco despiertos no importa, pero no completamente despiertos. A veces nos dará el placer de dejarnos intoxicarnos con exaltaciones espirituales, disfrazándolas de auténtico despertar. En otras ocasiones nos golpeará con el terror de la duda y la desesperación, lanzándonos a la oscuridad que niega toda aspiración.

Los obstáculos para el despertar interior pueden ser tan sutiles que resulten casi imperceptibles, por lo que normalmente se cuelan por la puerta trasera. Muchas tradiciones espirituales nos enseñan que no podemos ser libres en esta vida. No lo hacen de forma directa, ya que nos enseñan que es posible, pero hacen que parezca un logro enorme, muy difícil de alcanzar. Algunas incluso llegan a señalar que solo se puede lograr rindiéndose a una autoridad exterior. Mientras sigamos creyendo en estos rumores, no iremos a ningún lado y estaremos dando vueltas en círculo. Nuestra práctica no será más que un perro que se muerde la cola.

Como meditadores, podemos relacionarnos con esas situaciones. Cuando hemos estado practicando la meditación durante mucho tiempo, sabemos que hay momentos en los que hemos experimentado extraordinarias transformaciones y un despertar interior. No obstante, hay una parte de nosotros que no quiere renunciar totalmente al apego al sufrimiento. No queremos disolvernos por completo en esa gran verdad, en ese gran vacío.

Hay una parte de nosotros que no desea desprenderse de ese último apego. Queremos despertar un poco, pero no del todo. Al ego le conviene no despertar por completo, pero esa es la única forma de liberación. Tarde o temprano tenemos que despertar totalmente. Eso significa que debemos disolvernos completamente en ese gran vacío, la verdad suprema de la nada, sin apegarnos a nada, ni siquiera a la iluminación, ni siquiera a la confusión sobre la liberación o la verdad. Tenemos que abandonarlo todo. ¿Cómo lo hacemos? Cuando intentamos abandonarlo, no lo conseguimos, porque ¿quién está intentando liberarse? No hay nadie ahí.

De modo que se trata de fundirse, de disolver el yo, y cuando sepamos cómo hacerlo, surgirá la liberación espontáneamente. Es como beber néctar en lugar de esforzarnos. En general esta es una manera de disolver el yo extáticamente y sin ninguna lucha, sin ninguna resistencia. La devoción juega un papel muy importante.

Cuando rezamos, lo que hacemos es invocar el espíritu de devoción. La devoción consiste en no resistirse ya a nada. Ya no estamos intentando mantener la compostura de esta entidad ilusoria, el ego o el yo. El yo siempre está derrumbándose y disipándose a cada momento. Se disuelve si lo dejamos tal como es porque no es real. Ya es irreal. Ya se está derrumbando. Cuando intentamos construir y mantener la ilusión del yo, sufrimos mucho. Experimentamos inseguridad y locura porque estamos tratando de sostener algo que ya se está desmoronando. El yo y el sufrimiento ya se están desmoronando. ¿Quién se esfuerza tanto veinticuatro horas al día intentando mantener el *samsara* mientras se queja de él al mismo tiempo? ¿Quién es esa persona?

Aquí se produce una cierta dicotomía. También es confuso porque llegamos al camino espiritual con mucho entusiasmo y determinación. Nos quejamos del *samsara*, nuestra infelicidad, y buscamos desesperadamente la liberación. Al mismo tiempo, tenemos que recordar que el *samsara* ya se está desmoronando. Puede que nos preguntemos cómo puede ser. Llevo enganchado a él muchas vidas. Este círculo vicioso no se derrumba por sí solo. La cuestión es: «¿Quién es el yo? ¿Quién es el que está intentando mantener ese *samsara*?». Mantener el *samsara* cuesta muchos dolores de cabeza y ataques al corazón. ¿Quién es este yo que está intentando construir el *samsara*? ¿Quién es esa persona? En realidad no existe.

Hace poco estaba dando un retiro de meditación de fin de semana, y en uno de los descansos se me acercó una mujer de mediana edad y me dijo:

—¿Nos estás pidiendo que nos muramos?

—¡Exacto! –le respondí, mientras juntaba las manos y me inclinaba ante ella en reverencia–. Eso es. Lo has entendido. No hay nada más que aprender.

Cuando volví a mirar hacia arriba, vi que en su rostro brillaba una sonrisa maravillosa. No había duda de que en ese momento sabía cuál era el camino a la liberación. Hay que permitir que este yo ilusorio muera una y otra vez.

Esta muerte es más profunda que la muerte física. Esta muerte permite que se disuelva para siempre toda nuestra angustia. No es el final de nada. Es el principio de una vida en la que florece la flor del amor y la inteligencia. Uno de mis amigos solía decirme que la única manera en que se puede ser un auténtico maestro espiritual es abandonar a diario la idea de que uno es profesor. Tiene razón. Debes abandonar la idea: «Soy un maestro del *dharma*». Él solía decirme que cuando somos capaces de trascender completamente esta idea e incluso de traspasarla, podemos ser grandes maestros del *dharma*. De modo que lo que está señalando básicamente es que disolvamos el apego a cualquier identificación.

Imagínate que tenemos una fuerte creencia en nuestra identidad o en el papel que desempeñamos en la sociedad. Imagínate que eres un jefe o un gran ejecutivo. Imagínate que te consideran una mujer muy guapa o que crees que eres una persona joven. Imagínate que estás muy identificado con una de estas ilusiones de lo que eres. Observa cuánto sufrimiento y ansiedad puedes sentir por el mero hecho de intentar asegurar y mantener esa identidad. Hay muchas personas que quieren ser jefes, líderes en este mundo convencional, que desean ser elegidos alcaldes o presidentes porque eso se convierte en su identidad. Y hay muchas personas que causan un terrible dolor y sufrimiento a otras para mantener esa identidad.

A veces, a lo largo de la historia, los líderes han servido como increíbles arquetipos o modelos que demuestran lo destructiva y peligrosa que puede ser la identidad del ego. Hay millones de individuos que han perdido su vida y han sufrido mucho por culpa de personas que luchaban para conseguir tener cierta posición. Sin embargo, ¿qué es la posición? Es algo irreal, ilusorio. El apego a una identidad puede ser muy violento y destructivo. Es el auténtico maquillaje del *samsara*. Por lo tanto, la esencia de todos los caminos espirituales consiste en disolverlo todo aquí y ahora sin esperar. Y una vez más, ¿cómo disolvemos ese yo extáticamente? Tan solo estando presentes, prestándole atención a la respiración; de ese modo, el ego comienza a disolverse. Esto suena muy simple.

Puede que pensemos: «Le he prestado atención a la respiración muchas veces y nunca he tenido ninguna revelación». Pero ese es un argumento del pasado que intenta atraparnos de nuevo en ese viejo patrón. Esta vez sé consciente y abandona también ese pensamiento. En ocasiones tenemos que rezar. Cuando la fuerza de la devoción nos arrebata completamente nuestro corazón, el yo no tiene el poder de mantener la compostura. El ego se muere allí mismo, sin descomponer el yo en piezas diminutas e investigar si son reales o no. No hay tiempo para la meditación analítica. No hay tiempo para prepararse a fin de trascender el yo. El yo desaparece en el momento en que el espíritu de la devoción nos arrebata por completo nuestro corazón.

Cuando meditamos, animo a todos a que adopten la actitud de que estamos meditando para disolver el yo. Por eso meditamos. Mantén esta perspectiva en tu conciencia y permite que tu mente dualista se disuelva al menos media hora, o incluso diez minutos cada día. Cuando te permites a ti mismo ser testigo de ese inesperado vislumbre de la verdad, en el que se disuelve el ego, es como beber néctar, una experiencia inexpresable. A menudo, para describir ese estado, utilizamos la palabra «dicha». «Dicha» es un término adecuado, pero se puede malinterpretar. La dicha de la que estoy hablando no tiene nada que ver con la dicha ordinaria, como la que se siente ante una buena comida y otros placeres sensuales. Es una dicha no conceptual que no está basada en emociones sino en conciencia. A menudo decimos que realizar la verdadera naturaleza de lo que somos es como beber el néctar de la dicha suprema. Cuanto más bebemos, más adictos nos volvemos, lo cual está muy bien.

No es suficiente beber ese néctar una o dos veces. Tenemos que aprender a beber el néctar de la gran dicha de la disolución del yo muchas veces. No basta con recordar haber tenido esa experiencia hace algún tiempo. Al principio debemos beber este néctar de la dicha al menos tres veces al día. Esa es la tarea para todo aquel que esté buscando la liberación. Más tarde, a medida que pase el tiempo, lo beberemos muchas veces, cientos de veces al día. Al final, mil veces al día, a cada momento, cuando estemos dormidos o despiertos, cuando estemos hablando o meditando, cuando estemos tocando música o peleando con la gente. Beberemos ese néctar de la dicha todo el tiempo. Esto se denomina «despertar completo y total», y ese es nuestro objetivo, nuestra intención y nuestra más elevada aspiración.

Recuerdo una frase muy breve de un maestro budista: «Sin yo no hay problemas». Es muy simple y escueta, pero real y efectiva. En nuestra vida siempre hay lucha, ya sea consciente o inconscientemente. Hay mucha gente en el mundo que está sufriendo la injusticia social, la violencia y la guerra. Incluso en los países más prósperos, que en cierto modo son más afortunados porque se disfruta de mayores comodidades materiales, la gente sufre. Algunas personas sienten que no tienen suficiente dinero o que no son lo bastante guapas o inteligentes. Se preocupan porque no tienen una relación ideal o porque no están iluminadas. Mucha gente sufre a causa de la ira, el odio y la crítica. Todos estos problemas surgen de la noción errónea de qué es lo que somos y quiénes somos. Esta idea de «yo», «mi» y «mío» es el origen de toda nuestra lucha interior. Es como un autor que crea una agonía incesante en nuestra conciencia.

Cuando vamos vas allá del yo, vamos más allá de todo. Trascendemos toda forma de lucha con la que nos encontramos en la vida. Por ejemplo, cuando medito, si no estoy realmente dispuesto a fundir el yo, estoy luchando. Mi ego está luchando: «Quiero iluminarme. Deseo tener esa dicha de la que está hablando él ahora y sentirme bien. Quiero experimentar el éxtasis, pero no está ocurriendo. Se está acabando el tiempo. Quiero trascender el yo, pero no está funcionando muy bien. Por eso me siento un poco frustrado. Estoy luchando».

De modo que este tipo de lucha impregna casi todos los aspectos de la vida. A veces cuando estamos sentados en el cojín de meditación, parecemos muy santos, totalmente espirituales, y nos sentimos dichosos, pero en otras ocasiones somos muy normales y, por ejemplo, hablamos por teléfono a gritos o nos enfadamos bastante con alguien. Es increíble la cantidad de papeles que podemos adoptar cada día. Cuando nos sentamos en el cojín de meditación, somos muy santos, pero cuando estamos conduciendo en medio del tráfico y alguien se mete en nuestro carril, reaccionamos inmediatamente. Puede que incluso lo insultemos. Ya no nos parecemos en nada al tipo que estaba sentado pacíficamente meditando unas horas antes. La idea es que siempre hay lucha, de distintos tipos. Hay lucha cuando estamos meditando y cuando no estamos meditando, siempre que el yo se perciba como real. Cuando el yo desaparece, estamos en el paraíso, y no hay nada que hacer ni nada que conseguir. Por lo tanto, este debería ser nuestro mantra para el resto de nuestra vida: *Sin yo no hay problemas*. Recuérdalo: *Sin yo no hay problemas*.

Sé que en el fondo de nuestro corazón cada uno de nosotros tiene una gran fe, un gran deseo y una aspiración eterna de ir más allá del yo, pero al mismo tiempo hay un camino por el que también podemos permitir que el ego compre tiempo. El ego tiene mucho miedo a su completa desaparición, de modo que prueba todo tipo de métodos y estrategias para comprar tiempo y posponer su disolución. Si no puede hacer otra cosa, al menos puede posponerla. De modo que sigue posponiendo la liberación total. Debemos estar muy atentos a eso y rezar para eliminar todos los obstáculos de nuestro camino. En realidad, los obstáculos del camino son la resistencia del ego a la liberación total. Ese es el obstáculo supremo.

Hemos de rezar para ir más allá de todos los impedimentos y obstáculos que el ego pone en nuestro camino, para poder despertar lo antes posible y para que también pueda despertar lo antes posible todo el mundo. Tenemos que darnos cuenta de que la sabiduría que subyace en nuestro interior puede trascender todos los obstáculos. Eso requiere el acto de conferirnos poder a nosotros mismos. Permítete ser un guerrero pacífico, ese héroe espiritual que conquista a los enemigos interiores con la fuerza de la conciencia pura. Todos nosotros hemos nacido como guerreros pacíficos. No hay nada contra lo que luchar en el exterior.

CAPÍTULO 6

ACEPTACIÓN

El método sin esfuerzo

Cada uno de nosotros anhela intensamente vivir una vida libre de todas las circunstancias indeseadas: enfermedad, desgracia, vejez y muerte. Hace unas semanas una persona me pidió que hablara de la vejez. Por la expresión de su rostro, me di cuenta que sentía miedo ante ella. Mientras estamos viviendo en esta forma humana, es imposible tener una vida completamente libre de circunstancias indeseadas. A veces tenemos tanto miedo que desarrollamos lo que yo llamo una fobia. «Fobia» es un término psicológico que indica nuestro miedo o nuestro pavor a algo de forma obsesiva, incluso irracional.

Este deseo primigenio de vivir bajo unas circunstancias perfectas es una mezcla compleja de nuestro impulso instintivo de comodidad física y nuestra pulsión inconsciente de liberarnos de todo aquello que nos recuerde remotamente nuestra fragilidad y mortalidad. Como resultado de ello, cada uno de nosotros fantasea constantemente con tener una existencia perfecta. Deseamos estar en el paraíso, en un cielo libre de toda situación que no queramos afrontar. En toda la historia humana, no hay nadie que haya tenido realmente ese tipo de vida. A pesar de ello mantenemos y alimentamos la fantasía infantil de que si luchamos lo suficiente contra la realidad, tarde o temprano conseguiremos esta vida idealizada, libre de todo problema. Algunos de nosotros nos esforzamos mucho por luchar contra la realidad.

Una vez me invitaron a una fiesta. Había varias personas metidas en una piscina de agua caliente y bebiendo champán, y mientras disfrutaban de ello, se quejaban de su vida. Imagínate: se quejaban al tiempo que bebían champán sumergidas en una bañera de agua caliente, y justo después de acabar de tener una buena cena. Eso era contradictorio. En cierto sentido, era una situación desequilibrada. Esa gente lo tenía todo. Se lo estaban pasando muy bien, estaban disfrutando de los placeres terrenales, pero al mismo tiempo estaban creando una experiencia imaginaria de sufrimiento y conflicto. Aquello de lo que se estaban quejando no existía realmente. Si buscaras una razón para quejarse en la situación que estaban viviendo, no podrías encontrar ni una.

Asimismo, cuando pensamos que tenemos problemas y obstáculos, la mayoría de las veces no somos capaces de encontrar dónde están, porque solo existen en nuestra conciencia. Nuestra conciencia es como una fábrica donde creamos todo tipo de problemas imaginarios. Es una gran fábrica.

Mucha gente está asustada por la polución, con razón. Tiene miedo del aire contaminado por los coches, las fábricas, las refinerías de petróleo, etc. Sin embargo, yo creo que la conciencia no despierta es mucho más contaminante. Puede que nos resulte útil imaginarnos que tenemos una fábrica en la conciencia produciendo constantemente la polución de los problemas y los conflictos imaginarios. Es el trabajo a tiempo completo de esta mente egoica. No es extraño, por tanto, que la mayoría de las personas estén sufriendo.

La gente siempre sufre de una forma consciente o inconsciente porque cree erróneamente que si lucha contra la realidad será capaz de lograr sus fantasías infantiles de tener una vida libre de todas las circunstancias indeseadas, tales como la vejez, los accidentes de coche, no tener suficiente dinero, estar enfermos, tener dolores, etc. Quizás si vivimos lo suficiente, dentro de cuarenta o cincuenta años, cuando echemos la vista atrás, veamos que los problemas a los que nos estamos enfrentando ahora no son más que un recuerdo. Con un poco de suerte, estaremos lo bastante despiertos y nos diremos unos a otros: «¡Qué inmaduro era entonces! No me lo tenía que tomar todo tan en serio porque en realidad todo es vacío». Un día seremos capaces de pronunciar esas palabras.

En el budismo se dice a menudo que hay impedimentos externos e internos, o en otras palabras, obstáculos externos e internos. Los primeros son aquellos obstáculos más físicos a los que nos enfrentamos: terremotos, cansancio, dolor de muelas, una rueda pinchada o cualquier cosa que se interponga en el camino de lo que queremos. Nadie nace bajo una estrella tan auspiciosa o afortunada que no tenga que enfrentarse a obstáculos externos. Todos los días los encontramos constantemente en nuestro camino. Cuando nos levantamos, tenemos la nariz taponada. Eso es un obstáculo externo. La cisterna del baño no funciona bien. Esto también es un obstáculo externo. Tenemos las uñas demasiado largas y no encontramos el cortaúñas. Ahí tienes otro. Todos ellos son pequeños obstáculos.

Sin embargo, de vez en cuando podemos sufrir una crisis vital mucho más importante, como descubrir que tenemos una enfermedad terminal o que no disponemos de suficiente dinero para comprar comida. Eso también ocurre. En algunos lugares del mundo la gente no tiene nada que comer, día tras día. No pueden alimentar a sus hijos. No saben si tendrán algo que llevarse a la boca por la noche. Se ven obligados a salir a la calle a mendigar, ya que es la única esperanza que tienen de conseguir algo de comer. Al menos la mayoría de nosotros sabemos que vamos a comer por la noche.

Los obstáculos externos pueden ser especialmente desafiantes cuando sufrimos una crisis vital como la muerte de un ser querido. También podemos enfermar, y ser incapaces de atender nuestras necesidades físicas. Es muy difícil encontrarse en una posición en la que no tenemos una sensación de realización espiritual, si no somos como Miralepa, Machig Labdron o incluso uno de mis maestros, el lama Tsur Lo.

El lama Tsur Lo tenía una deformidad en la columna. Estaba completamente doblado y no se podía poner recto. Siempre utilizaba un bastón, sin el cual era incapaz de caminar. Su apariencia física era exactamente lo opuesto al dios griego de la belleza, Adonis. No tenía ningún tipo de riqueza. Sin embargo, se sentía realmente satisfecho y era muy feliz. Había experimentado una realización espiritual, pero era muy humilde y quería que la gente pensara en él como una persona muy normal, no como alguien especial o como un santo. Cuando experimentas una verdadera realización, como los grandes maestros, lo trasciendes todo. Trasciendes cualquier problema que puedas imaginarte e incluso aquellos que no puedes imaginarte. Cuando estás completamente liberado, transformado, despierto interiormente gracias al cultivo de la disciplina espiritual, no hay una sola crisis o circunstancia de la vida que no puedas trascender. Para las personas normales, que no han logrado esa liberación interior, los obstáculos externos pueden ser muy desafiantes, tan desafiantes que a veces provocan que se aparten del camino de la liberación.

Muchos de nosotros tendemos a pensar que la práctica espiritual va a solucionar todos nuestros problemas. Albergamos esperanzas y fantasías no cuestionadas e infantiles. Eso tiene que ver con el hecho de que a menudo nuestra relación con la espiritualidad está dominada por fuerzas inconscientes. No es ese trabajo limpísimo que esperábamos que fuera. Es un viaje difícil, doloroso, excitante y extático. ¿Qué puede haber más complejo que eso?

Mientras construyamos mecanismos de defensa, la transformación estará relegada al reino de la improbabilidad. Estos mecanismos de defensa que ahora llevan una máscara espiritual incluyen capas de negación, cada una de ellas más sutil que la otra. Es como encontrar una nueva cuna en la que podemos ser niños otra vez y no tenemos ninguna responsabilidad sobre nosotros. Proyectamos a mamá y a papá en un dios o gurú omnipotente que cuidará de nosotros eternamente. No hay nada más gratificante que no tener responsabilidades. Las experiencias de conversión son muy agradables y provechosas, y las vacaciones, algo muy deseable. Pero esta cuna no está bien hecha. Tarde o temprano descubriremos sus limitaciones.

Cuando nos implicamos en un camino espiritual, descubrimos que no va a arreglar todos nuestros problemas. A medida que pasa el tiempo, empezamos a ver que los problemas de la vida no se están aligerando. No hay una varita mágica, de modo que es muy normal perder ese amor inicial que teníamos hacia la práctica espiritual. La espiritualidad no consiste en solucionar todos nuestros problemas, y cuanto antes nos demos cuenta de eso, menos frustración sufriremos. Debemos abandonar todas nuestras fantasías. Cuanto antes las abandonemos, mejor. A menudo, al apegarnos a ellas chocamos con la desilusión, y eso puede crear un inmenso obstáculo para el despertar interior y apartarnos completamente del camino. De modo que hemos de tener presente esto y tener claro que nuestro camino espiritual no es un remedio o un antídoto que vaya a solucionar todos nuestros problemas. No todos nos van a querer porque nos encontremos en el camino espiritual. El mundo sigue relacionándose con nosotros del mismo modo que antes. Nadie dice: «Ah, ahora estás en el camino espiritual. Ahora voy a ser más amable contigo. Te voy a enviar flores. Voy a crear arco iris allí adonde vayas. Voy a pavimentar una bonita calle real por donde camines». Por el contrario, a veces parece que el mundo se vuelve incluso más desafiante cuando transitamos el camino espiritual, porque nos despierta, porque requiere perder todo lo que hemos invertido en la ilusión. El crecimiento puede ser doloroso.

Hay un dicho muy sabio: «Ten cuidado con lo que deseas». Debemos tener cuidado con lo que deseamos, porque a veces rezamos para alcanzar la liberación, pero el mundo puede ser muy iracundo y desafiante. Cuando el mundo nos presenta dificultades y obstáculos, significa que ahora, afortunadamente, tenemos la oportunidad de abandonar todas nuestras reacciones, todas nuestras costumbres, todos nuestros patrones de pensamiento, todos nuestros comportamientos kármicos. Podemos elevarnos por encima de estas condiciones ilusorias y mantener la mente de Buda, la conciencia dichosa.

Por lo tanto, si estamos decididos a descubrir el despertar a todo coste, también debemos estar preparados para el hecho de que estaremos obligados a afrontar desafíos y dificultades. Estos desafíos no siempre son obstáculos externos; también lo son internos. Incluyen experiencias de duda, ira, emoción irracional, depresión, etc. Incluso Buda se enfrentó a un gran desafío antes de su despertar. Tuvo la visión de que lo estaban atacando, de que las fuerzas de *Mara* le habían tendido una emboscada, justo antes de su iluminación total. Fue el momento definitivo en el que tuvo que elegir entre el triunfo y la derrota total.

De modo que la cuestión es: ¿cómo tenemos que tratar con las condiciones externas, con la vida diaria? La respuesta es la aceptación. Hemos de aprender a aceptar. Ese es nuestro primer objetivo como buscadores espirituales. En ocasiones sí aceptamos lo que hay. Como dijo el gran santo tibetano Patrul Rinpoche: «Cuando tienes el estómago lleno y brilla el sol sobre ti, actúas como un santo, pero cuando la negatividad cae sobre ti, actúas de forma muy normal». Con sus palabras, nos viene a decir que es fácil aceptar las circunstancias de nuestra vida cuando todo va bien, pero tan pronto como nuestras expectativas se ven defraudadas, en un abrir y cerrar de ojos, perdemos toda nuestra santidad. Cuando las cosas van en dirección contraria, es muy difícil aceptar lo que hay. El precepto espiritual, la disciplina que tenemos que intentar mantener en nuestro corazón en todas las situaciones, es aprender a permanecer abiertos en todo momento. Cuando no estamos dispuestos a aceptar, nos sometemos completamente a la jurisdicción del ego y no nos agrada nada. Ni siquiera nos gusta el hecho de estar en este planeta. Pero no hay nada que podamos hacer.

El problema es el ego. A veces es como un niño mimado que tiene rabietas constantemente. A veces no acepta donde estamos, quiénes somos ni la forma en que son las cosas sin quejarse. Cuando eso sucede, ¿qué hacemos? No hay nada que podamos hacer. A veces el ego no acepta el hecho de que el cielo es azul, o que estamos viviendo en un planeta lleno de desastres naturales, terremotos, inundaciones y otras catástrofes, pero no hay nada que podamos hacer. Lo único que está en nuestra mano es aceptarlo y aprender a rendirnos al curso de los acontecimientos.

Cuando aceptamos el modo en que todo se desarrolla, somos capaces de amar todo y a todos. Si no podemos aceptar siquiera una cosa en este mundo ahora mismo, ¿cómo vamos a desarrollar alguna vez amor ilimitado? La falta de aceptación es el conflicto. El conflicto es dolor, dolor psicológico. Es una enfermedad espiritual. Mientras nuestros corazones estén atormentados por ese dolor, no tendremos fuerza para entregarle nuestro corazón a nada, y por eso será imposible lograr el despertar interior. La iluminación no es más que otro nombre para el amor ilimitado.

Resulta casi imposible practicar el cariño y el amor hacia todos los seres vivos sin enfrentarnos de forma seria a los innumerables problemas que surgen en nuestras propias vidas. Es una contradicción. No funciona. Si nuestro corazón está atormentado porque no somos capaces de aceptar los acontecimientos tal como se presentan, será imposible que abramos el corazón. Será imposible que abandonemos todas nuestras defensas y abracemos a los demás. Por lo tanto, tenemos que practicar constantemente y profundizar en nuestra conciencia, recordarnos a nosotros mismos que debemos aceptar las cosas tal como son. En eso es en lo que consisten las enseñanzas budistas denominadas «entrenamiento mental»: en tener presente esas perspectivas e incluso recitar lemas, frases como: «Debo aceptar las cosas tal como son».

Tengo un alumno maravilloso que todas las mañanas cuando se levanta se escribe a sí mismo un recordatorio. Se dice: «Hoy voy a practicar aceptar las cosas tal como son», «Hoy voy a practicar amar a todo el mundo», «Hoy tengo la intención de no enfadarme. No voy a juzgar a la gente. Voy a agradecerlo todo». Todos los días viene con estos increíbles pensamientos por su total devoción a la práctica espiritual. Del mismo modo, deberíamos dirigir la mente a recitar y llevar a cabo esas enseñanzas, esas perspectivas iluminadas, y decir: «Voy a aceptarlo todo». Cuando lo aceptamos todo, ya no hay ningún problema. Todos los problemas se disuelven inmediatamente.

Cuando no aceptamos ni siquiera una cosa, un pequeño problema se puede convertir en un gran problema. Incluso los pequeños problemas, cuando no los aceptas, pueden destruir completamente tu paz interior. Imagínate que nos miramos en el espejo y de repente nos damos cuenta de que hay algún problema con la ropa que llevamos, de que nuestro peinado no está bien. Tenemos un pelo bonito, pero está despeinado. Queremos que vaya hacia un lado, y no hacemos más que colocárnoslo ahí, pero se mueve para el otro lado. Si nos lo tomamos en serio, nos puede arruinar el día. Al principio no hay ningún problema, pero después pensamos: «No me gusta que el pelo se coloque como le dé la gana». La mente tiene tendencia a sacarte de quicio: «Odio que el pelo se coloque de otra manera. No me gusta. Lo odio». Este oscuro pensamiento sigue creciendo, y antes de darnos cuenta todo el subconsciente se ha visto invadido por ese pensamiento oscuro y venenoso. Entonces nos enfadamos. Empezamos a gritarle a la gente y ellos nos gritan a nosotros. Eso crea todo este problema de la nada. Puede que suene ridículo, pero así es como vive la mayoría de la gente. En general, estamos dominados por nuestros pensamientos. No somos los amos de la casa.

Cuando aceptamos no solo los pequeños problemas sino también los grandes, se tornan muy fáciles de llevar. Nos volvemos como esos grandes e iluminados maestros que son capaces de mantener una mente de amor y éxtasis incluso cuando están afrontando la muerte. Hay muchas historias acerca de iluminados que murieron en un estado de gran dicha y gracia. No dejaron ningún asunto inacabado. Para ellos la muerte no es un fin, sino una llegada a casa. Al final no existe una persona que vaya a morir, pero cuando todavía nos identificamos con este pequeño yo, la muerte parece muy real.

Como maestros espirituales, no debemos buscar desafíos, pero tenemos que celebrar los que nos surjan en el camino. No estoy diciendo que tengamos que ir por ahí buscando problemas. Esa no es nuestra tarea. Sin embargo, cuando surjan los problemas, debemos saber cómo rendirnos a ellos y aceptarlos. Es más, cuando afrontemos una crisis, tenemos que sentirnos dichosos y pensar: «¡Esta es una oportunidad extraordinaria y perfecta para practicar cómo aceptar lo que no me gusta! Si soy capaz de aceptar esto en este momento de mi vida, seré capaz de trascender todo mi miedo, todas mis inseguridades. En realidad esto es una bendición encubierta». Tenemos casi que postrarnos frente los desafíos cuando nos visiten sin que los hayamos invitado. Cuando estén llamando a la puerta, hemos de estarles agradecidos. En ese sentido, como buscadores espirituales, tenemos que considerar toda la vida como una práctica, como nuestro camino. La vida es nuestro camino. Desde el momento en que nos levantamos por la mañana hasta que nos vamos a dormir por la noche, la vida está llena de oportunidades para cultivar la aceptación, la paciencia, la tolerancia, el perdón, la conciencia y la atención plena.

Para practicar la verdadera disciplina espiritual, no es necesario que nos hallemos en ningún lugar especial. No hace falta que acudamos a un templo o a un lugar de meditación. La vida está llena de oportunidades para aprender y crecer. Un amigo mío murió de cáncer. Cuando estaba atravesando todos los problemas de la enfermedad, solía decir:

«Esto es OPOC, otra puta oportunidad para crecer». Esa era su invocación sagrada, quizás un poco tosca, pero a él le sirvió. Lo recuerdo cantando y bailando durante los últimos meses de su vida. Me dijo que no tenía miedo. Cuando se estaba muriendo, yo me encontraba a su lado, y él permanecía totalmente sereno. Contemplarlo era como contemplar el rostro de un niño durmiendo. Tenía la misma inocencia y pureza.

Los obstáculos internos son las cuestiones más íntimas. Imagínate esas cuestiones psicológicas y espirituales que no hacen más que surgir una y otra vez, aunque creamos que ya las hemos resuelto. A veces estamos seguros de que ya no queda nada, y de repente vuelven a surgir esos obstáculos, que son casi como demonios agazapados. Son los demonios de la ira, la duda, la soledad, el aburrimiento, y siempre que estamos al borde del despertar total intentan recuperarnos. ¿Cómo podemos ocuparnos de ellos? Con la perspectiva de que todos estos demonios son falsos.

A menudo oigo a las personas hablar de cómo están atascadas en sus circunstancias, en su karma. Hablan de las ganas que tienen de cambiar la dirección en la que están yendo las cosas. Eso es así especialmente cuando no hacen más que ir de un problema a otro: después del divorcio, pierden el trabajo; tras una enfermedad, sufren un accidente o son bombardeados por agitaciones emocionales. La verdad es que el karma no es un conjunto de desgracias. El karma es un conjunto de obstáculos internos. Está hecho de patrones de pensamiento y de hábitos profundamente asentados. Somos capaces de abandonar esto. Por lo tanto, nuestro karma es falso, no es más que una ilusión.

Buda enseñó que todo es vacío. Los problemas de la vida, incluso aunque parezcan interminables y recurrentes, son vacío, y por lo tanto el karma también es vacío. El karma es falso, no es algo tangible que puedas señalar, que puedas romper, a lo que puedas prender fuego. El karma es interno. Es el estado de la mente, la acumulación de tus sistemas de creencias, pensamiento, dolores e ira. Se remonta a muchas vidas atrás y solo se puede purificar descubriendo la verdad, la pura esencia de lo que es. El karma no es una especie de tumor en el cerebro o en el corazón del que te puedas librar con una operación.

Hay una historia de la antigua India sobre una mujer *brahmín* muy devota. De acuerdo con su tradición, se tenía que bañar varias veces al día para purificar el karma y las impurezas. De modo que iba a diario a la orilla del río para darse un baño ritual en esa agua santa. Un día pasó por la orilla del río un maestro iluminado y le dijo:

—No puedes purificar tus pecados, tu karma, lavándote el cuerpo con agua. Si fuera así, todos los pescadores estarían ya iluminados.

En ese momento, asombrada por lo que aquella persona le había dicho, se detuvo y preguntó:

—¿Cuál es el verdadero método de purificación?

—El método del no esfuerzo —respondió el maestro.

Se dice que al seguir el consejo del maestro, se iluminó.

La verdadera meditación no es más que el arte de vivir, sin esfuerzo, cuando no intentas librarte de nada. Si dejas que tu mente sea tal como es, verás que nada te puede atar. En esa conciencia de no hacer, tus pensamientos son como ondas y tu conciencia básica, como el océano. En realidad el karma no es más que pensamiento. Cuando te identificas con los pensamientos, estos crean karma. De modo que surja lo que surja en tu conciencia, ya sean malos o buenos pensamientos, no intentes atraparlos. Obsérvalos. Es como observar las olas en la superficie del océano. Surgen y luego se van. De la misma manera, observa la mente sin ningún esfuerzo. Recuerda que esto se denomina «método del no esfuerzo». No intentes alterar o cambiar el estado natural de la mente.

A veces experimentamos el surgimiento de pensamientos positivos: «¡Hoy es un día maravilloso! Estoy ganando», «Soy estupendo, bueno, perfecto». Estos son pensamientos positivos que surgen aleatoriamente. Disfrútalos sin identificarte con ellos. En otras ocasiones pensamos: «Soy realmente malo. Soy lo peor. Hoy es un día horrible. Todo el mundo está contra mí». Estos también son únicamente pensamientos negativos. Según el camino del no esfuerzo, no te apegues a ninguno de los pensamientos positivos y no intentes eliminar o transformar los negativos. Obsérvalos y contémplalos sin alterarte, al igual que contemplas las olas que vienen y van en el océano. Todos se disuelven. Si eres capaz de hacer eso, la negatividad y el sufrimiento se disuelven. También es una forma más sutil de aceptación. El relato anterior nos dice que esa mujer devota se despertó totalmente a través del método del no esfuerzo.

Imagínate que te encuentras en medio del problema y que tienes un montón de pensamientos en la cabeza. Te sientes inquieto, quizás incluso asustado. En cierto modo, en este universo infinito existe este pequeño tú fundiéndose, como un insecto llevado por una hoja en el río. Esta es la situación en la que nos hallamos a menudo. Y a pesar de ello, todo está teniendo lugar en tu cabeza. Los pensamientos nos llevan de paseo sin permiso. Básicamente, nos dejamos seducir o dominar por ellos. ¿Qué debemos hacer? Paradójicamente, no debemos hacer nada. Solo contemplando y estando en el momento presente nos encontramos en un espacio sereno y pacífico en el que no ha ocurrido nada. Cuando terminamos creyendo en nuestros pensamientos y actuando de acuerdo con ellos, estamos creando karma y nos quedaremos enganchados en él. Normalmente cuando creemos en nuestros pensamientos, tendemos a actuar según ellos nos dictan. Pero si mantenemos esta conciencia de la no acción, todos nuestros asuntos internos que se remontan a vidas pasadas se desvanecerán. ¡Qué simple! No requiere ningún aprendizaje. Este es el secreto de una vida libre y dichosa. En la tradición budista, esta es la meditación que muchos monjes y monjas practican durante toda su vida.

¿Te has fijado en que hay mucha gente que pone una imagen de Buda en su casa o en el jardín? Eso no quiere decir que sean budistas. Tiene que ver con el hecho de que esta imagen evoca en el que la observa sentimientos de quietud, de conciencia de la no acción. No hay nada religioso en ello. Es una reacción universal.

En una ocasión, una mujer asistió a un retiro de meditación de fin de semana. Se veía que tenía mucho entusiasmo. Cuando hablé con ella, me dijo que esperaba purificar su karma e iluminarse. El retiro trataba de la conciencia de la no acción. Me preguntó:

—¿Cuál es el siguiente paso?

—No hay más pasos. Eso es todo –le respondí.

Ella se quedó un poco asombrada.

En general, muchos buscadores espirituales se quedan atrapados en el hecho de añadir todo tipo de prácticas esotéricas a las actividades que ya están realizando. Lo único que conseguirán es estar más ocupados que nunca. Nos podemos distraer de lo más importante. Así es como funciona el ego para mantener girando la bola de nieve kármica. Hay un viejo dicho que podemos utilizar aquí: «No es necesario ponerle patas a la serpiente». Significa que no intentemos complicar las cosas. El camino a la iluminación es simple y elegante. Consiste en desmantelar y trascender todo sistema de creencias y toda actividad estúpida. La iluminación ya se está ocupando de nosotros. Buscarla sería un trabajo demasiado arduo. Vamos a dejar que ella venga a nosotros. Lo único preciso para que pueda entrar el sol es que corramos la cortina de la ventana. Del mismo modo, abramos el corazón y la mente sin buscar la escurridiza iluminación.

CAPÍTULO 7

ALCANZAR NUESTRA AUTÉNTICA NATURALEZA

El eje de la práctica espiritual

Muchos de nosotros estamos ocupados en una búsqueda interminable. Algunos buscamos a Dios; otros, un gurú, y otros, una pareja. Fundamentalmente, esta búsqueda es una larga y persistente agonía. Por debajo de ella subyace una sensación de estar separados del universo o de lo divino, algo vital para nosotros. Con frecuencia, si nos contemplamos profundamente, descubrimos que en el fondo tenemos un vacío. Eso nos conduce a sentimientos de soledad, desesperación y confusión. En un fútil intento de llenar este vacío interior, tratamos de descubrir el sentido de nuestras vidas logrando objetivos terrenales y distrayéndonos con diversos entretenimientos. Algunas de esas técnicas funcionan temporalmente como una tirita psicológica. Obtenemos un poco de alivio durante un tiempo, pero tarde o temprano vuelve toda nuestra infelicidad. Sin embargo, no dejamos de tener la esperanza de que si descubrimos justo lo correcto, seremos felices para siempre. Cuando estamos buscando estos sueños fútiles, lo único que hacemos es *prepararnos* para vivir en lugar de vivir plenamente a cada momento. Nos estamos preparando para un ideal de vida que esperamos alcanzar en algún momento en el futuro. No estamos viviendo plenamente justo ahora, aquí y a cada momento. Cuando vivimos en esta búsqueda interminable, desperdiciamos nuestra vida, que se rige por esta preparación y continuará hasta el momento en que muramos a menos que logremos el despertar interior.

No hay ninguna garantía de que vayamos a vivir otro momento más, y mucho menos otro día más. Puede que hoy sea nuestro último día. Puede que esta respiración sea nuestra última respiración. De modo que ahora es el momento de vivir plenamente como si hubiéramos conseguido todo lo que estábamos buscando. Esto es algo que a nuestro ego no le parece muy lógico. Nuestro ego dice que no hemos logrado el verdadero sentido de nuestra vida y que tenemos que seguir buscando. No nos permite vivir plenamente ahora mismo. Todos estamos buscando el verdadero sentido de la vida, ya nos consideremos personas espirituales o personas normales.

El sentido de la vida es el tema principal de la mayoría de las enseñanzas filosóficas y religiosas, así como el objetivo de todos nuestros esfuerzos humanos. Nuestras tristezas más profundas surgen de la sensación de que hemos fracasado a la hora de adquirir esta ilusión cósmica. Es tan doloroso que algunas personas incluso caen en un comportamiento autodestructivo. El fracaso surge de la creencia de que hemos fallado en cierto sentido al no lograr nuestro verdadero propósito. No estamos seguros de que alguna vez vayamos a conseguir la satisfacción total, y esa sensación puede permear todos los rincones de nuestra vida.

Si no hay nada fuera de nosotros que pueda proporcionarnos verdadera satisfacción, ¿adónde nos debemos dirigir? Esta puede ser una pregunta muy poderosa que nos cambie la vida. A Buda lo condujo al camino del gran despertar. Puede que tengamos que hacernos esa pregunta una y otra vez hasta que hayamos considerado y eliminado todas nuestras posibles respuestas. Se deberían eliminar incluso algunas respuestas que se consideran espirituales porque son soluciones inefectivas; de lo contrario podríamos apegarnos a más ilusiones maravillosas, que se ofrecen como soluciones a nuestros problemas. Si miras a tu alrededor, la sociedad brinda todo tipo de respuestas tentadoras. Las revistas y la televisión están llenas de anuncios que intentan darnos las respuestas a la pregunta de cómo podemos resolver esta sensación de vacío interior. Además, vivimos e interactuamos con otras personas que han aceptado completamente las creencias y el sistema de valores convencional, y es fácil que nosotros también caigamos es esas trampas.

El verdadero camino espiritual no consiste en ir contra el mundo, sino en no perderse en las ilusiones que este ofrece. A menudo nos perdemos en el trabajo, las relaciones y nuestras ideas acerca de los logros y la perfección. Cuando la persona echa la vista atrás a su vida, normalmente reconoce que en ese momento estaba perdida en esto y aquello. Eso nos sucede todo el tiempo. A veces nos perdemos tanto en nuestros trabajos que ya no sabemos disfrutar de la vida. Sufrimos porque nos apegamos a sueños de éxito irreal, compitiendo fieramente unos contra otros. Muchos de nosotros nos perdemos todos los días en ese soñar despiertos. Justo ahora, si contemplamos nuestra vida, puede que descubramos que estamos perdidos en alguna parte o que estamos realizando algún tipo de actividad que nos causa una sensación de gran conflicto interior. Esta sensación de estar perdido se halla profundamente conectada con el hecho de que no conocemos nuestra verdadera naturaleza, quiénes somos realmente. Por supuesto, fingimos que lo sabemos, mientras no dejamos de apegarnos a todo tipo de identificaciones sustitutas. Finalmente, todos esos problemas surgen del hecho de no saber quién somos.

Querer saber quién somos es un deseo profundamente asentado en cada uno de nosotros. Pero por regla general nos apegamos a la sensación del yo que obtenemos al identificarnos con nuestra imagen. Nuestra imagen es el papel más importante que interpretamos y está formada por muchos componentes, incluidas las experiencias que han tenido lugar en nuestra vida: dónde nacimos, nuestra situación familiar, el colegio al que fuimos, la iglesia a la que pertenecíamos, nuestro número de documento de identidad, etc. Sin embargo, todo eso no son más que papeles que interpretamos. Son como máscaras que llevamos, identidades virtuales que necesitamos para manejarnos en este mundo, pero cuando creemos que son lo que realmente somos y pensamos que las estamos perdiendo, sufrimos mucho. Estamos apegados a ellas porque más allá de esas falsas identidades no sabemos quién somos. La perspectiva de perderlas nos produce escalofríos. Sin embargo, tarde o temprano terminaremos perdiéndolas, muchas de ellas incluso antes de morir. Cada crisis presenta otra amenaza de que nos las arrebaten. Por supuesto, nunca queremos admitir que no sabemos quién somos, de modo que siempre fingimos que sí lo sabemos. Esta pretensión nos sale muy cara. El precio que pagamos es que nos apegamos a todo tipo de falsas identidades y asociaciones.

Debemos aprender la habilidad de utilizar estas identidades virtuales sin apegarnos a ellas. No podemos eliminar estos papeles mientras vivamos en la Tierra. Hay personas que intentan llevar una especie de vida ideal libre de toda atadura convencional, pero a veces su perspectiva se vuelve irracional. Reaccionar a todos nuestros papeles sociales puede convertirse en otro papel al que apegarse. Cuando nos apegamos a nuestros papeles, se convierten en una forma de presión y sentimos que nos debemos vender constantemente de una manera u otra para mantener nuestra vida entera. Este autosacrificio no nos proporciona lo que estamos buscando. Por el contrario, nos causa innumerables conflictos internos. A veces nos conduce a la depresión, al odio a nosotros mismos, al aburrimiento y a la desesperación.

Cuando empezamos a preguntarnos la naturaleza de lo que realmente somos, nos hallamos en el camino de la verdadera libertad. Por ello, todos los maestros budistas ofrecieron profundas enseñanzas sobre el arte de lograr saber quién somos. Para resumir el propósito de la meditación, hay que preguntarse a uno mismo: «¿Quién soy yo?». Esto nos ayuda a eliminar todas las capas de nuestra imagen. Nos conduce al lugar en el que ya no nos identificamos con ellas o con el sufrimiento que eso implica. Y en ese lugar nuestra imagen se convierte en una prenda que llevamos porque es útil. Llevamos ropa, pero no nos identificamos con ella. Necesitamos una imagen del mismo modo que necesitamos llevar ropa. No andamos desnudos por la calle. La gente diría que estamos locos. No supone ningún problema llevar ropa bonita siempre que no nos identifiquemos con ella. Como todo lo creado, es algo fugaz. No va a durar. Si nos apegamos a la ropa bonita, nos puede afectar mucho si le ocurre algo. Si se nos cae el té encima de nuestro jersey favorito, se pueden desencadenar emociones incontroladas.

Cuando observamos el maquillaje de nuestro personaje, vemos que no pertenece a nuestra verdadera naturaleza. Es algo que la sociedad nos ha dado temporalmente y a lo que nos estamos apegando. Pero si no nos cuestionamos esto, nos parece que es lo que somos. A veces tenemos la impresión de que eso es lo que somos y que no hay nada más que descubrir. Por ejemplo, puede que nos encontremos a alguien en la calle y que empecemos a hablar con él. Quizás esa persona nos pregunte quién somos y qué hacemos, y le contestemos que somos el profesor o el alcalde de la ciudad. Cada vez que le decimos algo a alguien sobre lo que somos, a menos que hayamos trascendido todas las identidades, estamos reforzando esta imagen en nuestra mente y pidiéndole a esa persona que crea en nuestro falso yo. A medida que pasa el tiempo, la falsa identidad se va solidificando y se hace más dominante, de modo que no somos conscientes del yo trascendental porque está totalmente oscurecido. Si fuéramos conscientes de él, estaríamos todos espiritualmente despiertos, de un modo espontáneo e inmediato, en cada momento.

Como seres humanos, somos profundamente inseguros y no sabemos quiénes somos realmente. Como es evidente, este problema no se refleja en la superficie. Siempre estamos diciéndonos quiénes somos, basándonos en esta noción de que estamos separados de todo lo demás. Esta sensación de que «estoy separado» es la base para nuestra sensación del yo. Se ve reforzada por varias identidades falsas a las que nos apegamos, nociones de «yo soy esto» o «yo soy aquello». Sean cuales fueren las ideas que tengamos de nosotros mismos, no son más que otras extensiones. La mayor parte del tiempo, cuando miramos alrededor, vemos inmediatamente que lo que nos rodea ratifica estas falsas identidades. Precisamente por eso, supone un esfuerzo desafiante desmantelar esta ilusión del yo.

Cada vez que nos miramos en un espejo, puede que pensemos algo sobre nosotros. Esos pensamientos se van acumulando y se convierten en ladrillos conceptuales que utilizamos para construir este castillo ilusorio del yo. A pesar de ello, tenemos la sospecha de que esta noción del yo puede ser muy frágil y efímera, y este pensamiento acecha silenciosamente en algún lugar de nuestra conciencia. La mayoría de las veces no llevamos esta sospecha a la luz de la conciencia, pero si lo hacemos, surgirá inevitablemente una profunda sabiduría interior. Nuestra sospecha de la fragilidad de esta falsa noción del yo puede ir en dos direcciones. En general se convierte en una fuente de miedo, ansiedad e inseguridad. A menudo vemos a gente que tiene miedo y que está muy a la defensiva cuando se trata de su propia identidad. Nosotros mismos tendemos a asustarnos cuando nuestra identidad se ve amenazada. Pero en otras ocasiones la sospecha puede ir por otro camino. Cuando eso ocurre, tal vez se convierta en una revelación que nos cambie la vida y que nos conduzca a la realización del nivel más elevado de verdad. Esta idea no es una teoría nueva y elevada. Es una sabiduría inmortal que han logrado muchas personas en la historia. Buda enseñó esta sabiduría, y en su tradición se denomina *anatman,* o «no yo». *Anatman* es el término utilizado para expresar que uno ha visto más allá de su falsa sensación del yo, que se ha hecho consciente de que su falsa sensación del yo no es más que una identificación con los papeles que está representando en la vida. No es más que una máscara. No es la verdad.

No tendremos satisfacción interior mientras nos apeguemos a esta endeble y fugaz «falsa identidad» a la que nos sentimos tan atados. No estamos en contacto con nuestra verdadera naturaleza. Esta falsa identidad no es más que una sensación ilusoria del yo. A pesar de ello, hay una parte de nosotros que se resiste intensamente a ver esta realidad. Por medio de la búsqueda, descubrimos que este amado yo no es más que un espejismo y no una plataforma permanente en la que podamos vivir y desarrollarnos para siempre. Por medio de la verdadera búsqueda también podemos ver que lo que existe más allá de este milagro es algo increíblemente bello y elevado. Una vez que nos damos cuenta de eso, ya no necesitamos nada. Ese es el final de toda búsqueda. Cuando somos conscientes de eso, sabemos cómo vivir nuestra vida plenamente porque no falta nada y todo es perfecto. Esta dicha incondicional es lo que todo el mundo está buscando. El problema es que muchos de nosotros la buscamos en algún lugar exterior y en algún momento futuro.

La enseñanza de Buda es sincera e inspiradora; por ello el budismo tiene algunos de los más ricos conocimientos sobre cómo desmantelar la ilusión de un yo separado. Los trabajos de maestros como Nagarjuna y Shantideva iluminan y son una guía directa a esta profunda visión. Puede que hoy en día nos preguntemos si algunas formas de budismo ya no hacen tanto énfasis en esta sabiduría. Parece que determinadas cuestiones que el propio Buda intentaba evitar han conseguido colarse de algún modo. Es una situación comprensible. Recuerda que el ego es el amo más astuto. Siempre puede encontrar una manera de mantenernos esclavizados en el reino de la ignorancia. El camino de Buda es el camino de la búsqueda. La verdad se puede descubrir a través de ella. La habilidad para buscar es uno de los dones más increíbles que tienen los seres humanos. Cuando la profunda búsqueda no es una parte de nuestra práctica espiritual, nos quedamos atrapados en la historia en que nos encontremos.

La búsqueda de la que estoy hablando no tiene nada que ver con el intelecto o con adquirir más conocimiento conceptual. No es una forma de adquisición. Es una forma de eliminación de todos los conceptos sobre lo que somos. Puede que esta idea resulte desafiante para nuestra manera habitual de pensar. Por supuesto, no tiene nada de raro. Esa es una de las razones por las que a veces se nos escapa lo más importante en el camino espiritual. Nuestra mente egoica no está interesada en abandonar nada. No hace más que tomar todo lo que desea. Pero si somos capaces de llevar a cabo una profunda búsqueda, veremos que todos los conceptos que tenemos sobre quiénes somos son en realidad erróneos. Son distintos tipos de mentiras que nos dicen otras personas o incluso nos decimos nosotros mismos. La mayor parte del tiempo no tenemos siquiera la oportunidad de cuestionar esas mentiras. Incluso si empezamos a cuestionarlas, a

SIN YO NO HAY PROBLEMAS

menudo nos paramos antes de finalizar el proceso porque en realidad una parte de nosotros no quiere morir. Esta parte es la versión antigua del yo: la sensación de un «yo» que cree que está inextricablemente ligado a las circunstancias. Por ejemplo, si sentimos: «Voy a morir y eso me da muchísimo miedo», esa es la versión antigua del yo. Sabemos que a todos nos parece real, tan real como el sol y la luna en el cielo, tan real como la mesa que tenemos delante. Pero recuerda que antes creímos en muchas cosas que ya no consideramos ciertas. Cuando éramos pequeños, los Reyes Magos eran reales para muchos de nosotros. ¿Cómo puede alguien decirle a un niño que los Reyes Magos no existen? Pero un día nos dimos cuenta nosotros solos. Supimos que no existían y que nunca habían existido.

Cuando nos damos cuenta de que esta vieja versión del ser ya no es real, ya no estamos atados a los condicionamientos. La muerte ya no nos produce un miedo terrorífico. Hemos trascendido literalmente la muerte. Puede que nuestro cuerpo decaiga y se derrumbe, pero eso para nosotros no es la muerte. Esta inmortalidad no tiene nada que ver con la idea de que nuestra alma o mente sigue reencarnándose una y otra vez cuando perdemos el cuerpo. Más bien sabemos que nuestra verdadera naturaleza es una con todo, de modo que va más allá de la vida y de la muerte así como de la reencarnación. ¿Muere el cielo? Nuestra verdadera naturaleza es una con el cielo. ¿Decae la verdad? Nuestra verdadera naturaleza es una con la verdad. La muerte no es más que otro concepto. Cuando abandonamos los conceptos de la vida y la muerte, esta deja de existir, y por primera vez estamos vivos de verdad. Pero si seguimos apegándonos a esos conceptos, hay muerte y la vida se transforma en un asunto dolorosamente repetitivo y lleno de sufrimiento. Cuando comprendemos eso, la vida se convierte en un misterio que vivir.

Nuestra naturaleza inmortal es quien realmente somos. Solo cuando alcanzamos nuestra verdadera naturaleza y vivimos de acuerdo con ella, la vida se ve completamente realizada. A través de esta realización podemos vivir plenamente en cada momento y la vida es perfecta tal como lo es ahora mismo. No necesitamos fantasear con una vida idealizada en el futuro que puede que nunca ocurra. Todos tenemos la oportunidad de vivir plenamente. Cada instante es un momento perfecto para tener esa oportunidad. Ahora es el momento de despertar a nuestra verdadera naturaleza. ¿Por qué estamos esperando y posponiéndolo?

CAPÍTULO 8

EL MANTRA ETERNO DE LA VERDAD

«¡Oye, eso es una fantasía tuya!»

¿Qué es la realización espiritual? La realización significa la mente iluminada o la sabiduría que comprende cómo son las cosas, la naturaleza de la realidad. Solo esa realización ofrece libertad. No se trata de una especie de estado exaltado de conciencia. Tampoco es un estado de mente meditativo. Más bien es sabiduría que comprende el modo en que son las cosas, la naturaleza de la realidad, la verdad. La mayor parte del tiempo vivimos en un estado mental no iluminado y nunca vemos cómo son las cosas. A menudo nos sentimos desconcertados y perdidos en la oscuridad, esta oscuridad interior de no encontrar nuestra verdadera naturaleza, pero cuanto más capaces somos de estar en armonía con la realidad, con el modo en que son las cosas, menos sufrimiento y conflicto experimentaremos. Para encontrar la verdadera liberación en el interior, tenemos que eliminar todas nuestras anteojeras mentales y alcanzar la gran verdad, el vacío, la apertura, la fluidez de todo cuanto existe, de todas las situaciones.

La mayor parte del tiempo la mente está en desacuerdo con la realidad, lo acepte o no. Puede que a todos nos guste creer que estamos siguiendo un camino espiritual porque somos meditadores. Pero no podemos estar en consonancia con el verdadero camino espiritual a menos que también estemos en consonancia con la verdad. Si no, no funciona. Nuestro ego quiere tener lo mejor de los dos mundos. Puede que el ego desee estar en consonancia con el camino espiritual como una idea, pero no con la realidad. La razón es que la verdad a veces resulta bastante dolorosa para la mente egoica.

A veces tenemos la idea de que estamos en consonancia con el camino espiritual porque cumplimos con nuestros deberes: «Rezo todos los días. Medito todos los días. ¿Qué más quieres?». Es verdad que a nuestro ego le gusta pensar que somos buscadores espirituales y amantes de la verdad, que le tenemos un gran amor, una gran fe y una devoción inquebrantable a la verdad. Pero debemos aceptar estas noticias amargas, esta verdad tan dolorosa: no hay ninguna otra manera de estar completamente en consonancia y armonía con el verdadero camino espiritual a menos que también lo estemos con la realidad. Por lo tanto, nuestra tarea consiste en buscar todos los días en nuestra conciencia para ver si nuestro cuerpo, nuestro discurso y nuestra mente están realmente en consonancia con la verdad. Eso significa que mis acciones, mi discurso y mi mente deberían basarse siempre en los principios de amor, amabilidad y compasión, que son expresiones de la verdad.

No estoy diciendo que debamos ser perfectos. No somos perfectos. No tenemos que ser infalibles, libres de error. La mayor parte del tiempo no lo podemos ser. Siempre estamos cometiendo errores, de modo que no se trata de ser perfecto como una especie de santo o persona sagrada. Tenemos tendencia a elegir un ideal espiritual y moral e intentamos imitarlo. De hecho, a veces toda una tradición religiosa se basa en adorar un ideal y en pensar que es completamente infalible. Eso puede causar una división en nuestra psique que nos conduzca a diversas consecuencias negativas, tales como hipocresía, culpa, autoengaño y excesivas pretensiones, que al final llevan a la decepción del yo y de los demás.

Tenemos que aceptar nuestros defectos y los de los demás y abrazarlos sin demonizarlos. En el momento en que los poseemos y los reconocemos por lo que son, nos liberamos de ellos. Resulta liberador vivir en consonancia con los principios de un verdadero camino espiritual. Es muy enriquecedor. Nos hace más inteligentes, felices y amables. Hace que tengamos un corazón más abierto. Cuando intentamos vivir de acuerdo con un código cultural o una ética religiosa obsoleta, en lugar de liberador resulta sofocante y esclavizador. Nos volvemos más rígidos, inflexibles y esclavos a todo tipo de sistemas de creencias innecesarios e ignorantes.

Siempre resulta muy efectivo indagar, contemplar en nuestra conciencia y ver si estamos viviendo realmente una vida en armonía con un auténtico camino espiritual. No se trata solo de meditar o de rezar fervorosamente todos los días. ¿Estamos viviendo realmente en armonía en cada momento o al menos la mayor parte del día? Puede que descubramos que hemos estado haciendo un buen trabajo. Si es así, deberíamos tratarnos con amabilidad. Comprarnos algo bonito como recompensa, por ejemplo. Pero si nos damos cuenta de que durante las últimas semanas hemos fallado, sería conveniente rezar.

La plegaria es algo realmente maravilloso. Yo he aprendido en mi propia práctica espiritual que a es una de las fuerzas más eficaces para conseguir la transformación de la conciencia. La plegaria es eficaz y abre el corazón, especialmente cuando es auténtica. La auténtica plegaria es aquella en la que trascendemos toda nuestra resistencia. En ocasiones resulta muy efectivo rezarle a la verdad y pedir: «Que supere esta falsa ilusión. Que trascienda esta falsa ilusión». La mayoría de las veces cuando realizamos ese tipo de plegarias, experimentamos casi inmediatamente esta mente despierta, pura y brillante que ya está libre de toda confusión mental y alteración emocional. Es como cuando escalamos a la cumbre de una montaña y podemos ver con claridad. Vemos la naturaleza de la verdad y la naturaleza de la ilusión. Por lo tanto, recomiendo que le recemos a la entidad suprema. Eso es la verdad. Rezar a la suprema verdad para liberarnos aquí y ahora. Si rezamos de todo corazón, siempre se produce la realización interior de un modo milagroso.

Como buscadores espirituales, a veces nos desviamos ligeramente del camino al aprender todos esos métodos, todas esas técnicas de meditación. Al mismo tiempo, nos olvidamos de prestar atención a ese aspecto realmente vital de la práctica espiritual que es ser auténtico, simple e inocente. Tenemos que ser inocentes para saber cómo rezar.

A menudo, cuando nuestra mente está cargada de conocimiento, ideas, conceptos y orgullo, no sabemos cómo rezar. Sin embargo, cuando nuestra mente es inocente, pura y no está cargada de conceptos e ideas, sí sabemos cómo rezar. En ocasiones cuando ya no tenemos más ideas, más soluciones, cuando estamos al borde del precipicio, ofrecemos una verdadera oración.

Me acuerdo de una ocasión en que estaba practicando *trekking* de Tíbet a Nepal con un grupo de personas. Era muy peligroso y lo único que nos alumbraba era una tenue luz de luna. No era muy brillante y no disponíamos de linternas. Llegó un momento en que teníamos que cruzar un río agitado y revuelto, con cascadas y agua helada. No había ningún puente, solo una tabla sobre la que teníamos que pasar para cruzar el río. Yo estaba aterrorizado y recé de puro miedo. En aquel momento de miedo total, me había olvidado de todas mis técnicas de meditación. Todas mis elaboradas imágenes, así como todas mis maneras de analizar los estados de la mente, habían desaparecido. Todo se había disipado. Me sentía tan aterrorizado que era incapaz de acordarme de nada, pero en cuanto recé sentí una dicha, una calma y una valentía repentinas. Caminé sin problemas por el tablón y no sé cómo lo hice. No tiene nada que ver con un milagro divino. Se trata únicamente de abandonar todas las falsas ilusiones, todos los conceptos, todos los miedos y simplemente confiar en lo que hay. Lo que hay es siempre perfecto. O morimos o vivimos. O somos pobres o somos ricos. O nos aman o nos odian. Da igual, sea lo que sea, somos perfectos. En esa dimensión de realidad realmente purificada siempre somos perfectos.

Hay una auténtica oración y una pseudooración. Rezarle a un dios fuera de nosotros mismos, como un padre todopoderoso que da recompensas y castigos, no es una verdadera oración. Esta especie de oración la ha elaborado la humanidad a lo largo de milenios. Con estas oraciones en los labios, los ejércitos marchaban unos contra otros, cada uno con la convicción de que su dios era el único verdadero. Este tipo de plegaria no puede conducir nunca a la verdad. No hace más que dar vueltas al reino de la fantasía. Es una fantasía, una fantasía para adultos. La verdadera plegaria nos despierta del mundo de la fantasía y nos pone en contacto con la verdad en la unión espiritual suprema que denominamos iluminación. Esta unión supone una total integración con la realidad, no una especie de mundo ideal místico.

Podemos rezar siempre que nos sentimos impedidos por la confusión, el miedo o la soledad. Podemos rezar incluso cuando no experimentamos esos grandes niveles de emociones negativas. Podemos rezar cuando atravesamos un período de estancamiento en nuestra práctica espiritual o cuando nuestra meditación no va a ninguna parte. No es una crisis importante, pero nuestra práctica espiritual no avanza. En esos momentos resulta muy efectivo rezar. Podemos rezar hasta que nuestros corazones se fundan completamente y ya no estemos a la defensiva. Podemos rezar hasta que descubramos que estamos totalmente enamorados de la verdad, que nunca se ha separado de nosotros.

Permíteme que haga hincapié en la fantasía frente a la realidad y en cuál es su maquillaje. Por supuesto, la fantasía es una percepción. Siempre es opuesta a la naturaleza de la realidad o de la verdad. Evidentemente, entendemos el significado habitual de la palabra «fantasía». La gente dice: «¡Eso no es más que una fantasía! ¡Es una fantasía tuya!». Sin embargo, cuando meditamos nos damos cuenta de que no es solo un pequeño fragmento de nuestra conciencia no iluminada. La fantasía es enorme. Todo es prácticamente una fantasía. El pasado es una fantasía. El futuro es una fantasía. Incluso el presente es una fantasía.

Cuando anticipamos el futuro, a veces empezamos a fantasear con la enfermedad, la muerte y la desgracia. Eso puede destruir completamente nuestra paz interior si nos quedamos atrapados ahí. Parece ser un problema universal. Piensa solo en este fenómeno de la preocupación. Es una enfermedad mental que nos causa mucha agonía. Esta fantasía no es solo un caso inocente de soñar despierto. Es una fuerza mucho más destructiva de lo que creemos, y ni siquiera nos cuestionamos nunca si es real o no. Buda dijo: «Con el pensamiento creamos nuestro mundo». Igualmente podemos decir: «Con la fantasía creamos nuestro mundo».

Hay fantasías que son fáciles de detectar. Las ideas de que vamos a vivir para siempre, de que vamos a ser jóvenes eternamente, de que vamos a recibir una recompensa increíble o nos vamos a convertir en el presidente de los Estados Unidos son muy fáciles de detectar. Digamos que estamos fantaseando con que haga buen tiempo y podamos salir a dar un paseo. Nos imaginamos que vamos a estar muy tranquilos y que nos vamos a sentar en la playa o en un bosque fresco. Quizás que vamos a tener una experiencia de meditación maravillosa o nos vamos a encontrar con un montón de gente interesante. Pero resulta que llueve mucho y no podemos salir. Si estamos viviendo en esta mente egoica, si no podemos aceptar el cambio, posiblemente experimentemos una gran sensación de decepción. Eso es algo que nos resulta familiar, ¿no? Todos sabemos que hemos sido víctimas del demonio de la fantasía. Recordamos que durante gran parte de nuestra vida nos hemos visto esclavizados por fantasías no cumplidas.

Cuando nos damos cuenta de que *todo* es una fantasía, las cosas cambian. Desde la perspectiva de esta verdad, ya no estamos perdidos en la agonía o en el dolor. Pero si no tenemos esa mentalidad, cuando algo con lo que contábamos resulta ser una fantasía, experimentamos decepción e ira. Cuando nos percatamos de que todo es una fantasía, ya no hay un yo gritando o reaccionando a nuestras verdaderas circunstancias en la vida. No estoy diciendo que no fantasees con nada, en absoluto. Además, es imposible. No se trata de bloquear la conciencia ni de intentar no fantasear. No se trata de suprimir o cerrar la conciencia ni de intentar no sentir o pensar, o no fantasear. Se trata de ser conscientes de la diferencia entre fantasía y realidad.

Todos tenemos fantasías. De hecho, las fantasías pueden ser muy bellas. Nuestra conciencia a veces las necesita, y es muy bonito tenerlas mientras no nos las creamos, mientras nos demos cuenta de que no son más que fantasías. Pero cuando hemos sucumbido a la mente egoica y no iluminada, es difícil distinguir entre lo que es fantasía y lo que es real.

Cuando meditamos, empezamos a darnos cuenta de que no hay ni siquiera una circunstancia de la vida que sea una realidad concreta. Resulta que cada uno de los fenómenos de este mundo exterior es una fantasía. No lo aceptamos porque tenemos miedo de que nos provoque mucha tristeza y agonía. La mayor parte del tiempo nos esforzamos mucho para intentar impedir que las circunstancias se conviertan en una fantasía. Luchamos intensamente en cada momento para intentar tener autoridad sobre la realidad e impedir que todo lo que hemos imaginado se convierta en una fantasía. No nos gusta verlas como fantasías porque en ese caso significan algo irreal, proyectado por la mente. Yo, o quizás mi ego, está esforzándose realmente mucho para impedirme darme cuenta de que yo también soy una fantasía, al igual que el ego.

Quizás lo peor que le puedes decir a alguien es: «Oye, eso es una fantasía tuya». Nos ofendemos fácilmente cuando alguien pronuncia esas palabras. Sin embargo, eso es exactamente lo que la verdad nos está diciendo: «Eso es una fantasía tuya». Creo que el auténtico mantra es: «Eso es una fantasía tuya». Cuando sentimos que estamos sufriendo, es una fantasía nuestra. Cuando sentimos que estamos despertando, también lo es. Cuando sentimos que nuestra vida no va bien, es lo mismo, nuestra fantasía. Eso es lo que la verdad siempre está gritando como un mantra eterno, porque la verdad solo tiene una intención, despertarnos. De modo que su eterno mantra divino es: «¡Oye, eso es una fantasía tuya!». Eso es lo único que dice a cada momento.

No obstante, no intentes liberarte de la fantasía. Eso también es una fantasía, y acabamos muy frustrados porque al final no funciona. De modo que no se trata de liberarse de las fantasías. Cuando permitimos que nuestra mente se haga una con la verdad o esté de acuerdo con ella, nos damos cuenta sin hacer ningún esfuerzo de que todo es una fantasía. La comprensión de que todos los fenómenos son una fantasía llega a nosotros. Lo vemos claramente. Por lo tanto, lo único que necesitamos hacer es meditar. Si seguimos meditando, nos daremos cuenta de que todo es una fantasía.

Si queremos alcanzar la verdad, lo primero que debemos recordar es que no tenemos que hacer nada. Ni danzas sagradas, ni mantras secretos, ni conversiones religiosas. Simplemente nos sentamos tranquilamente allí donde estamos y nos limitamos a no hacer nada. Eso es muy importante. No hacer nada. Miramos directamente y vemos la verdad, que está más allá de nuestras fantasías, en ese momento sin etiquetar ni juzgar nada. También vemos que nuestra mente es un conglomerado de sucesos mentales, pasajeros e insustanciales. En ese momento resulta imposible apegarse a ningún guion personal. Es un momento perfecto. No le falta nada. Ese reconocimiento produce una sensación de alegría inagotable. Puede que sintamos ganas de levantarnos y bailar descontroladamente. Si es así, hazlo y llámalo danza sagrada.

CAPÍTULO 9

¿VAMOS POR EL BUEN CAMINO?

Compasión y cariño amoroso

De vez en cuando nos preguntamos si vamos por el buen camino o no. Nos hacemos esta pregunta de tanto en tanto, no todos los días. No podemos permitirnos preguntárnoslo a diario, porque nos podría arruinar el día. Asimismo, en ocasiones vamos en el coche para ir a algún sitio, y después de estar conduciendo un rato empezamos a pensar si vamos en la dirección correcta o no. Aunque puede resultar un poco incómodo, debemos preguntarnos: «¿Voy por el buen camino o no?».

No hay ninguna garantía de que vayamos por el buen camino. Puede que algunas personas utilicen su filiación a una organización religiosa para corroborar que van por el buen camino. Sin embargo, en general, a veces con las tradiciones espirituales ocurre lo mismo que con la ropa de un

111

niño pequeño. Tarde o temprano, si evolucionamos espiritualmente, seremos más grandes que ellas, al igual que los niños se hacen más grandes que la ropa. Si intentamos mantenernos envueltos en la tradición religiosa, pronto nos sentiremos incómodos y constreñidos. Finalmente nos veremos obligados a ir más allá de todas las formas convencionales, igual que Buda hizo en su despertar interior. Cuando eso suceda, nos convertiremos en una especie de espacio que no se puede limitar con nada, y nuestra religión será la verdad y el amor. Hasta que eso ocurra, no hay ninguna garantía de que vayamos por el buen camino.

Es fácil apegarse a la comodidad que surge de la asociación con cualquier tipo de «ismos», pero tenemos que ser inteligentes y distinguir la simple comodidad mental del camino espiritual verdadero. Para hacer eso, debemos dejar lugar a la duda. Por favor, permítete dudar y sé consciente de que hay dos tipos de duda. Una va en detrimento de nuestro progreso interior, mientras que la otra lo favorece. Hay una forma de duda que está basada en el miedo y la desconfianza, y que a menudo nos impide sondear las profundidades de la verdad. Nos aleja y nos impide rendirnos. Si sentimos deseos de beber la copa de néctar que hay frente a nosotros, puede que oigamos a nuestra mente que nos susurra: «Ten cuidado. Puede que no sea néctar». Si la escuchamos, cerramos los labios y nos damos la vuelta. Ese es un tipo de duda equivocada, porque nos detiene. La duda benevolente alimenta una búsqueda valiente. Tiene el deseo de alcanzar la verdad y nos anima a una mayor exploración.

No estoy recomendando que la gente tenga esta duda constantemente, pero sí debemos hacernos esta pregunta de vez en cuando: «¿Estoy en el buen camino o no?». Es fácil pensar que nos encontramos en el buen camino solo porque externamente estamos siguiendo un camino espiritual o a un maestro espiritual, pero eso no es una garantía. No es suficiente para asegurar que nos hallamos en el buen camino. Podemos ser buscadores espirituales y al mismo tiempo ser muy normales en lo que se refiere a perpetuar nuestros propios patrones kármicos de ira, odio y críticas. Ser buscadores espirituales no quiere decir que tengamos la certeza o la seguridad eterna de que estamos en el buen camino y no tenemos que indagar en la propia naturaleza de nuestra motivación. ¿Por qué estamos en el camino? ¿Adónde vamos? ¿Cuál es nuestra motivación? ¿Estamos buscando otro sistema de creencias? ¿Estamos buscando una sensación de seguridad? Es posible que tengamos motivos ocultos como estos.

El ego siempre va en pos de la seguridad, pero esta no es más que una ilusión. En cuanto nos enfrentamos a una crisis, nuestra sensación de seguridad queda destrozada, pero no nos permitimos permanecer en un estado de desconocimiento e inmediatamente atrapamos cualquier otra cosa que nos prometa seguridad. Somos como un mono que salta a una rama de un árbol y enseguida salta a otra.

El ego siempre está fantaseando con la seguridad eterna. Va por el universo buscándola. Por ahora no la ha encontrado porque la seguridad eterna es una ilusión. Al fin y al cabo, en este mundo no hay seguridad. El ego tiene la idea equivocada de que el hecho de controlar la realidad nos hará estar seguros. Quiere seguridad porque lo contrario a ella es la inseguridad, que significa muerte, transitoriedad y otros estados que no deseamos. El ego piensa que tenemos que esforzarnos constantemente para controlar la realidad. Por regla general, cuando buscamos seguridad, nos sentimos profundamente inseguros. Si nos sentimos interiormente inseguros, nuestro corazón permanecerá cerrado y no estaremos preparados para expresar un nivel trascendental de amor y compasión. La iluminación no es seguridad. Sin embargo, muchas personas terminan en el camino espiritual con la esperanza de obtener la seguridad suprema porque están inseguros del futuro, de lo desconocido.

¿Existe una seguridad suprema? Si no comprobamos nuestros motivos atentamente, puede que tengamos la esperanza de que la iluminación sea nuestro puerto final de seguridad, un lugar en el que todo sea maravilloso. Sin embargo, la iluminación no es una especie de seguridad eterna y no nos asegura que todo vaya a ir bien a partir de ese momento. No nos asegura que Buda o Dios nos vaya a sonreír siempre. Cuando estamos iluminados, seguimos teniendo que morir a pesar de todo. Seguimos enfermando. Seguimos enfadándonos de vez en cuando. Seguimos experimentando las mismas circunstancias de la vida que los demás. La diferencia es que ya no tenemos reacciones compulsivas ante esas situaciones, nos gusten o no nos gusten. Esas reacciones a veces producen odio, apego, aversión, deseo, etc. La iluminación no es seguridad. Es libertad tanto de la seguridad como de la inseguridad.

Tarde o temprano nos vemos obligados a abandonar la seguridad. Es nuestra tarea. Tenemos que abandonar toda ilusión de seguridad. A veces en las enseñanzas budistas practicamos deliberadamente visualizaciones y meditaciones en las que evocamos todo tipo de seguridad que el ego desea,

sea cual sea: eterna juventud, relaciones, cualquier cosa a la que estemos apegados. En ocasiones, cuando vivimos en este reino cotidiano no iluminado, la juventud resulta muy reconfortante, por lo que es bastante probable tener un apego compulsivo muy fuerte al hecho de ser joven. Pero la juventud es una ilusión, porque no dura para siempre. Al final todos envejecemos. A veces resulta muy efectivo imaginarnos envejeciendo. Hay toda una serie de prácticas de meditación en las que nos imaginamos a nosotros mismos viejos, muy enfermos y finalmente muriendo. Podemos visualizar que están quemando nuestro cuerpo en una hoguera o que lo están cortando en pedazos y se lo están dando a los buitres, como hacen en los osarios en Tíbet. Es una visualización muy efectiva para acentuar todos los apegos irracionales de la juventud y del hecho de ser joven. También es una forma de trascender el apego a la búsqueda de seguridad y permanencia.

Piensa en la seguridad en las relaciones, entre hombres y mujeres, profesores y alumnos, entre grupos, países, etc. Vemos que esas relaciones son pasajeras. Realmente no hay seguridad total en ellas. Del mismo modo, piensa en el dinero, el éxito o la carrera. En esos terrenos todo está siempre cambiando. Nada es permanente. Todo aparece y desaparece. Todo en esta existencia es una danza milagrosa de verdad divina. La verdad siempre está danzando, sin descanso, día y noche, eternamente, desde el principio, sin fin. Todo se manifiesta en esta danza, que no es estática. Está constantemente en movimiento, aparece y desaparece, juntándose y separándose. De modo que si no estamos dispuestos a aceptar la verdad de que esta existencia está siempre en movimiento, es siempre mutable, siempre fugaz, tenemos un gran problema no solo con nosotros mismos, sino también con la verdad. A veces la gente dice: «Tengo un problema con mi vecino». Eso no es nada comparado con tener un problema con la verdad. Ese sí es un auténtico problema.

Si observamos atentamente nuestra mente desde esta perspectiva, nos damos cuenta de que tenemos un serio problema con la verdad. No aceptamos la transitoriedad de la existencia. No la aceptamos en absoluto. La mayoría de las veces vemos el cambio como la etapa suprema del peligro. El ego está constantemente intentando evitar aceptar y abrazar esa cualidad de la existencia pasajera, danzarina y eterna. Al ego no le gusta esa danza divina. De hecho, la odia más que cualquier otra cosa. Al ego le gusta lo que se vuelve sólido como una piedra. No solo una piedra, sino una piedra inmutable, eterna. Sin cambios, completamente segura.

En el camino espiritual primero buscamos. Contemplamos y empezamos a ver la verdadera naturaleza de nuestro sufrimiento. ¿Dónde ha surgido el sufrimiento? ¿De dónde procede? ¿Tal vez del exterior, de situaciones como el nacimiento, la enfermedad, la vejez y la muerte? ¿Quizás de no conseguir lo que queremos? ¿O se genera en el interior de nuestra propia conciencia? A través de la lente de la introspección, llegaremos a darnos cuenta de que todo nuestro sufrimiento, mayor o menor, se origina dentro de nuestra conciencia no iluminada. Surge del hecho de no aceptar la naturaleza de la existencia. No aceptamos que todo es mutable, siempre pasajero y siempre en movimiento.

Si permitimos que nuestro ego sea el amo, si permitimos que domine a nuestra conciencia y controle nuestra respuesta al modo en que son las cosas, lo veremos todo fundamentalmente oscuro y polarizado. Sentiremos que tenemos que luchar constantemente para mantener una sensación de seguridad. Sentiremos que nos hallamos en esta lucha constante ya estemos sentados, caminando, durmiendo o despertándonos. Sentiremos que siempre hay una guerra librándose en algún lugar de nuestra conciencia. Esta falta de paz es lo que Buda denominó *dukkha*, o angustia existencial. Siempre está ahí. En ocasiones somos conscientes de ella, pero la mayoría de las veces no lo somos. Eso no significa que no estemos experimentando esa *dukkha* cuando no somos conscientes de ella. A veces somos capaces de conseguir ser inconscientes de este sufrimiento. Lo hacemos distrayendo nuestra mente con placeres sensuales, manteniéndonos ocupados, fantaseando con un futuro maravilloso, etc.

Cuando realmente nos damos cuenta de esta guerra, somos más conscientes y no tenemos que luchar tanto. No tenemos que intentar cambiar o controlar las cosas. No tenemos que intentar plasmar este inmenso feng shui en el universo. A veces somos como maestros de feng shui del universo. Tratamos de recolocarlo todo: el sol aquí, la luna allí, yo en el centro de todo, y la vejez y la muerte nos las quitamos de en medio. ¿Qué te parece? Eso es lo que estamos intentando hacer la mayor parte del tiempo. Nada de vejez. Vamos a añadir más cosas a la lista. Estamos intentando mantener la juventud y el placer eternos. Estamos esforzándonos en esos proyectos, ¿no es así?

Al final debemos alcanzar la verdad. Todo es transitorio. No tenemos control sobre ello. Hemos de decirnos a nosotros mismos: «Esta es la verdad. Tienes que aceptarla».

Al principio el ego dice: «A mí no me gusta esta verdad. No puedo permitirla». Y dejamos pasar unos días. Ahora el ego dice: «Es demasiado para que pueda ocuparme de esto ahora mismo. Déjame solo y ya pensaré sobre ello. Quizás cambie de parecer». De modo que tenemos el ego, pero también está surgiendo esa especie de conciencia débil y tenue. Y esa tímida conciencia le dice al ego: «Esta es la verdad. Por favor, acéptala». Y comienzan a dialogar.

El ego dice: «¡Ay, no! No pienso aceptar eso. Eso no puede ser verdad. La verdad debería ser otra. La verdad debería estar en consonancia con mi definición de la verdad». Para el ego eso significa que ahora existe una posibilidad de que podamos controlar la realidad, de reordenar el universo como queramos. Aún más, existe la posibilidad de controlarlo todo mientras transitamos el camino espiritual buscando la verdad. ¿Acaso podría ser mejor?

Cuanto más meditamos, más fuerte se vuelve la conciencia. Ese es el poder de la búsqueda sincera. La conciencia se va haciendo más fuerte y el ego más débil. La resistencia se vuelve cada vez más débil. Al poco tiempo, nos damos cuenta de que la conciencia está ocupando completamente nuestro cuerpo, nuestra mente, nuestro espíritu y nuestro corazón. Y es entonces cuando estamos totalmente en consonancia con la verdad. Al final hemos aceptado la verdadera naturaleza de todas las cosas. Esa es la liberación interior. En esa aceptación hay una gran dicha, porque con ella somos finalmente libres de la prisión de la ignorancia autoimpuesta.

Debemos practicar llegar a ser conscientes de las capas de todas nuestras motivaciones y aplicar esta práctica a todos los aspectos de nuestra vida. La gente a veces se casa por seguridad. Cuando es así, normalmente después de un tiempo no están tan contentos con las promesas que han hecho en la boda. Puede que se den cuenta de que se están traicionando a sí mismos buscando la seguridad sin considerar sus verdaderas necesidades. A menudo, una motivación errónea lleva a un resultado indeseado. Incluso en nuestro camino espiritual a veces podemos estar sometidos a estos motivos erróneos. En ese caso, en lugar de pedir deseos mundanos, nos dirigimos a Dios o a un gurú para encontrar el nivel supremo de seguridad. Por eso la gente puede estar muy a la defensiva en lo que concierne a la religión. Se puede manifestar como fe ciega en la infalibilidad de su religión. No queremos abandonar la seguridad por nada del mundo.

¿Qué sucederá si la abandonamos? Nada, excepto la liberación interna. Seguimos teniendo comida en la mesa. Seguimos lavándonos los dientes por la mañana. Al final, nada puede ir mal. Todo es perfecto tal como es. Si en ese momento nos estamos muriendo, es perfecto tal como es. Todo está bajo control en el reino de la perfección. Ese reino es la realidad.

Hay un relato sobre un hombre que viajó a las montañas y le sorprendió la noche. A medida que siguió caminando en medio de la tenue luz nocturna, cayó en algo que a él le pareció un profundo precipicio. Consiguió asirse a unas ramas de un pequeño matorral. Se aferraba a ellas temiendo por su vida, imaginándose que si las soltaba moriría. Pasó toda la noche sufriendo. Cuando comenzó a amanecer, le fallaron las fuerzas e, incapaz de seguir agarrándose, se soltó y se cayó. Se sorprendió al descubrir que había caído en un saliente seguro apenas dos metros por debajo de donde había estado agarrándose a las ramas y temiendo por su vida. Esta cómica historia ilustra nuestros miedos y nuestras obsesiones irracionales. El miedo irracional que sentimos nos hace desear controlarlo todo. Esto se debe a que tenemos la idea de que hay algo fundamentalmente equivocado en la realidad. La verdad es que no se puede conseguir la seguridad porque es la tela de la que está tejida la realidad. La realidad lo ocupa todo. Nunca nos podemos salir de ella. Ya estamos seguros y siempre lo estaremos. Nuestra gran neurosis consiste en buscar la seguridad. Nos mantiene engañados. Todas las formas de buscarla no son más que distintos tipos de miedo y de obsesión, y nuestro corazón no puede abrirse mientras estamos gobernados por ellos. La compasión y el amor solo pueden surgir de un corazón abierto. Para ver si vas por el buen camino, comprueba la medida de amor y de compasión que expresas en tu vida.

Recuerdo que hace poco estuve escuchando las enseñanzas de Su Santidad el Dalai Lama. Es una persona muy amable y nunca critica a nadie. Estaba hablando de los terroristas, pero en ningún momento empleó esa palabra; simplemente los llamaba gente mala. Muchos grandes maestros espirituales han dicho que si tu mente está completamente impregnada de compasión, puedes estar seguro de que vas por el buen camino. Si somos capaces de acoger a todo el mundo en nuestro corazón y de amar a todos sin discriminación, eso significa que nos encontramos en el buen camino. No importa si tenemos conocimiento sobre el budismo o no, si somos intelectualmente sofisticados o no, si somos principiantes o no. Sabemos que nos hallamos en el buen camino porque nuestro corazón está bendecido por la compasión y el cariño amoroso.

Por otra parte, si nuestro corazón se está volviendo amargo, irritable, crítico y arrogante, si estamos creando una separación innecesaria entre nosotros y los demás, si nos estamos volviendo sectarios y pensamos que somos mejores que quienes nos rodean, que pertenecemos a los «elegidos», eso significa que hay algo que no funciona en nuestra práctica espiritual. Por lo tanto, siempre conviene comprobar. Si nos damos cuenta de que nuestro corazón está endurecido por la crítica y la separación, debemos rezar. Rezarle a la verdad. Rezar para que nuestro corazón sea bendecido. Y si lo hacemos, nuestro corazón siempre estará abierto porque le estamos rezando a la verdad, que es lo más elevado y lo que siempre reside en nuestro interior, día y noche, en cada momento. Nuestro corazón es el paraíso oculto. Tarde o temprano tenemos que encontrar la llave dorada y abrir la puerta a ese oculto paraíso interior. Si buscamos un paraíso en el exterior de nuestra conciencia, estaremos vagando indefinidamente en el reino de la ilusión.

De modo que debemos tener presente que hay un paraíso oculto y encantado en nuestro corazón. Esa es la tierra de la dicha, esta pura conciencia que es muy afectuosa y que perdona, que no sabe cómo juzgarnos a nosotros ni a nadie. Siempre está dispuesta a bendecirnos. En realidad ya nos está ofreciendo una lluvia de bendiciones.

Nos ocultamos bajo esta concha del ego, protegiéndonos de esa lluvia divina. Tenemos miedo de esa lluvia porque va a destruir todas nuestras ilusiones, así que nos escondemos constantemente bajo la concha del ego, intentando escapar de la lluvia divina. A cada momento nos están bendiciendo, por lo cual no tenemos que hacer nada. No tenemos que ir a ninguna parte. Lo único que hemos de hacer es salir de esa concha llamada ego y darnos un respiro, permitirnos descansar de este ego que juega, que se enfada y que odia. Cuando lo hagamos, experimentaremos nuestra verdadera naturaleza, compasión y cariño amoroso.

Al final la vida es muy breve. Aunque viviéramos cien años más, la vida seguiría quedándose corta. No tenemos tiempo para odiar a nadie ni para juzgar a nadie. De modo que, ¿cómo vamos a pasar el resto de nuestra vida a partir de este momento? Esa es una buena pregunta: «¿Cómo voy a pasar el resto de mi vida a partir de ahora?». Tenemos que darnos cuenta de que la vida es extremadamente breve. Es como un chasquido de dedos hasta que morimos. Por lo tanto, debemos darnos cuenta de que no hay nada que ganar ni que perder. No hay enemigos, ni amigos. Ni siquiera hay un «yo». A partir de ahora lo único que importa es vivir la vida con compasión, conciencia y sabiduría. Cuando tomamos esa decisión, nuestro corazón se abre y experimentamos estar en la dicha. Independientemente de lo que esté ocurriendo en el exterior, somos capaces de experimentar la dicha interior porque somos capaces de ver que toda situación de la vida es la danza divina de la verdad. Ya no hay un «yo» que esté siempre luchando e intentando controlar la expresión de la realidad. La iluminación florece en el interior de un modo natural.

Cuando nos atrevemos a ir más allá de las oscuridades internas como el orgullo, la crítica y el miedo, somos finalmente capaces de estar en contacto con la pura naturaleza primigenia de nuestra conciencia, y eso es el amor y la compasión. El amor es la habilidad para ver toda circunstancia y todo ser como algo perfecto tal cual es. Eso es el amor. El amor es devoción. El amor es ver que todo es divino. Es la total aceptación de las cosas. Ese estado está libre de conflicto.

Hay una pequeña diferencia entre el amor y la compasión. La compasión es una expresión del amor. Es como sentir empatía por el sufrimiento de todos los seres vivos. En ocasiones, cuando vemos el sufrimiento de los demás, experimentamos espontáneamente compasión. Recuerda, el amor es nuestra capacidad para ver la divinidad en todo. Desde la posición de un amor que lo abarca todo, somos capaces de experimentar sin esfuerzo la compasión hacia todos los seres que están sufriendo, que se encuentran en un estado de confusión. Sería muy difícil tener pura compasión hacia los demás a menos que reconociéramos su verdadera naturaleza como divina. Cuando somos capaces de abandonar toda la identificación con el pequeño yo, experimentamos automáticamente que somos amor, que somos compasión. Es como el sol, que cuando se alza sobre las nubes brilla intensamente e ilumina toda la oscuridad.

En una ocasión dos personas se disponían a asesinar a un político. Fueron a su casa y esperaron a que llegara. Solía llegar todas las tardes hacia las siete, pero aquel día a las siete no había aparecido aún. Pasaron las nueve, las diez y las once, y seguía sin presentarse. Se hizo medianoche y aquel político aún no había regresado a su casa. Al final los asesinos se miraron y uno de ellos dijo:

—Oye, ya me estoy empezando a preocupar. ¡Espero que no le haya pasado nada!

Aquella persona experimentó ahí su naturaleza divina y se olvidó de que era el asesino. Se olvidó de que se suponía que el político era el enemigo. Abandonó todos los conceptos, por lo que entró en contacto con su verdadera naturaleza. Lo único que experimentó fue amabilidad y cariño amoroso.

Como seres humanos, somos inherentemente buenos. Eso no quiere decir que siempre tengamos un comportamiento impecable de acuerdo con un código moral convencional. Somos buenos porque ya somos verdad, amor y belleza. Cuando estamos libres de todo el condicionamiento interior, despertamos a nuestro verdadero ser y vemos que ya somos completamente divinos.

CAPÍTULO 10

EL ATAJO A LA ILUMINACIÓN

Trascender los pensamientos

Antes que nada, debemos creernos que es posible alcanzar la iluminación. Tenemos que saber que todos nosotros podemos vislumbrarla en cualquier momento, cuando estemos preparados. Los grandes maestros lo han señalado en muchas ocasiones, y deberíamos hacerles caso. Debemos creer esta idea de que la iluminación es posible en cualquier momento. Sin embargo, cuando estamos completamente inmersos en las poderosas fuerzas de nuestras emociones, conceptos y patrones habituales, descubrimos que es difícil abrir nuestra mente a esa posibilidad. Quiero recordarle a todo el mundo que la iluminación es más que posible. Siempre está llamando a nuestra puerta. No se trata únicamente de una optimista visión budista. Es la verdad.

No es necesario oscurecer esa verdad. Sin embargo, el ego siempre está esforzándose para impedir que se produzca la iluminación. Cuando oscurecemos la verdad, ya sea individual o colectivamente, se trata de una obra del ego o, como puede que digan los cristianos, obra del diablo. Solo hay una iluminación y es la misma que alcanzó el Buda Shakyamuni. A pesar de eso, existen diversas teorías sobre lo que es la iluminación.

Debemos ir más allá de las teorías, independientemente de lo sagradas que puedan parecer. Las teorías pueden crear una distancia ilusoria entre nosotros y la iluminación Esto se manifiesta de dos maneras: en primer lugar, si creemos que la iluminación está muy lejos, esto nos puede llevar al desánimo, como si nos pidiesen que escalásemos hasta la cumbre del Everest: sería demasiado, imposible; en segundo lugar, podemos tratar de perseguir la iluminación igual que un niño persigue el arco iris. No lleva a ninguna parte, por mucho que te esfuerces.

¿Por qué no nos iluminamos ahora, simplemente? ¿Qué fuerza nos impide despertar a la verdad suprema? A menudo parece que hay obstáculos inmensos, pero cuando contemplamos el interior de nuestra conciencia y nos limitamos a buscar qué es lo que nos está conteniendo, no encontramos nada. No encontramos un demonio con dos cuernos que nos esté sujetando. Yo siempre digo que sería una buena noticia encontrar un demonio así. En ese caso podríamos luchar contra él todos juntos. Sería fácil. Pero no hay ningún demonio. No hay nadie fuera de nuestra conciencia sujetándonos para que no despertemos inmediatamente. No hay obstrucciones reales, ni obstáculos.

Te voy a contar una historia budista. Una vez un hombre le dijo a su mujer que cuando él se muriera ella no podría tener ninguna relación.

—Como lo hagas, me manifestaré en forma de demonio poderoso y haré que tu vida sea un infierno –la amenazó.

De modo que cuando murió aquel hombre autoritario, la mujer se tomó sus palabras en serio durante años, hasta que al final se olvidó y empezó a relacionarse con otras personas. Sin embargo, cada vez que volvía a casa de una cita, el demonio aparecía en el techo. Le salían llamas de la boca y gritaba:

—¡Has salido! ¡Has tenido una cita!

El demonio era real. Sabía exactamente qué ropa llevaba la persona con la que había quedado o qué altura tenía. Ella estaba aterrorizada y consultó a un maestro budista. Este le dijo que llevara un puñado de arroz y que la siguiente vez que se le apareciera el demonio, le preguntara cuántos granos de arroz tenía en la mano. Así lo hizo:

—Si eres omnisciente, dime ahora mismo cuántos granos de arroz tengo en la mano?

En ese mismo instante, el demonio desapareció y no volvió nunca más. Evidentemente, sabes que el demonio era creación suya. Estaba en su mente. La historia demuestra que todo es elaboración de nuestra propia mente.

Cuando empezamos a indagar en lo que nos está impidiendo alcanzar la verdad, llegamos a la realización de que no hay nada que nos esté impidiendo despertar. No hay nada que nos esté impidiendo despertar. Resulta asombroso descubrir esto y supone un atajo para la iluminación. Somos los únicos que no nos permitimos ser libres. Somos a un tiempo los únicos que nos podemos liberar. Somos los que aprisionamos y los que liberamos. Cuando aceptemos esa responsabilidad, habremos ganado madurez espiritual. Esa madurez es necesaria para estar completamente iluminado, y una vez que se logra ya estamos dispuestos para marcharnos.

Si sigues pensando cómo despertar, te sugiero que medites de vez en cuando y te centres en la siguiente cuestión: «¿Qué es lo que me está impidiendo realizar mi verdadera naturaleza, mi naturaleza búdica?». Se trata de una búsqueda muy poderosa. Lo comparto basándome en mi propia experiencia. Esta es una de mis meditaciones favoritas porque siempre me conduce al lugar donde no puedo culpar a nadie ni a nada por no despertar.

Cuando abrimos los corazones y abandonamos todas nuestras teorías y especulaciones, cuando no estamos ni siquiera distraídos por las fantasías espirituales, cuando simplemente preguntamos de todo corazón y con valentía qué es lo que nos está conteniendo, eso es lo único que necesitamos. A veces, cuando estamos solos, viene bien quitarse la ropa y gritar al cielo: «¿Quién me está impidiendo despertar ahora mismo?». O podemos simplemente preguntar la verdad: «¿Qué me está impidiendo despertar ahora mismo». Preguntemos lo que preguntemos, no podemos encontrar ninguna respuesta porque no hay nadie. No hay nada que nos contenga, y por eso nunca encontramos las respuestas. Si alguien nos dice que tiene la respuesta, no hay duda de que está mintiendo.

Lo siguiente que podemos preguntarnos es: «Si no hay ningún obstáculo conteniéndome, ¿por qué no me despierto ahora mismo?». Y cuando miramos, nos damos cuenta de que estamos apegados a nuestros pensamientos. Eso es lo único que está ocurriendo. El *samsara* no es más que la identificación con nuestros pensamientos. Eso es lo único que hay. No hay nada más que pensamientos.

Hace muchos años, en una pequeña ciudad de Luisiana, conocí un veterano de la guerra de Vietnam. Mis enseñanzas le habían emocionado bastante. Estaba llorando y me dijo que se sentía culpable por haber estado en la guerra. Creía que era un pecador sin posibilidad de redención. Me preguntó qué debía hacer y me pidió que le dijese algo. En ese momento no se me ocurrió la palabra correcta para decirle, de modo que me senté un rato a meditar y a rezar. Al final las palabras que salieron de mi boca de aquella plegaria fueron:

—Eso fue el pasado. Ahora debes vivir el presente. No se trata de aplaudir tus acciones. No te estoy diciendo que tus actos fueran grandes o nobles. Pero al final lo único que existe es tu propia identificación con los pensamientos e ideas, culpa y vergüenza. Abandónalo todo. Tienes la capacidad de ser libre ahora mismo, en este preciso instante.

Y creo que en ese momento aquel hombre entendió mi mensaje. Tenía una sonrisa en el rostro. No lo he vuelto a ver desde entonces. Confío en que se tomara mi mensaje en serio.

Cuando contemplamos nuestra conciencia, reconocemos que nuestro corazón ha estado bastante atormentado a lo largo de toda nuestra vida. Quizás nunca se haya encontrado totalmente en paz. A menudo esa es la base de nuestra relación con los demás. Nos acercamos porque nuestros corazones han estado atormentados y estamos buscando una sensación de liberación, una respuesta a la pregunta de cómo podemos trascender el dolor y la confusión interior que siempre están ahí. Por eso acudimos a charlas espirituales, asistimos a talleres, vamos a retiros, y probamos con todo tipo de métodos y prácticas especiales. Lo hacemos para tener una sensación de libertad y de liberación de ese tormento interior. Nuestro corazón nunca ha estado completamente en paz, completamente iluminado, completamente sereno. Si contemplamos nuestros corazones en este preciso instante, vemos que hay en ellos una gran cantidad de bagaje, dolor, tristeza y confusión antiguos, pero al mismo tiempo no hay nada más que pensamientos.

Imagínate que tu corazón está atormentado por el odio. Imagínate que odias a alguien porque crees que te hirió cuando eras pequeño. Al parecer, ese es un problema muy extendido en el mundo occidental. Hay muchos que sienten una enorme ira y odio hacia sus padres o hacia otras personas que les hicieron daño. Cuando vine por primera vez a los Estados Unidos, para mí eso fue un descubrimiento sorprendente. Al final eso también es pensamiento. Ya no existe en este momento presente. No existe realmente. De modo que solo estamos cargando con un montón de pensamientos. Cuando los abandonamos, ya no necesitamos nada más. Somos libres.

Piensa, por ejemplo, en ser pobre. Piensa que eres muy pobre. Créetelo. Te puedes torturar con estos pensamientos: «No tengo un buen coche. La casa de mi vecino es mucho mejor que la mía. No tengo muchas de las cosas que necesito». Y puedes intentar conseguir más dinero y satisfacer tus deseos materiales. Puedes utilizar toda tu energía para tratar de conseguir más, pero a pesar de eso, descubres que tu corazón está atormentado incluso después de haber logrado una gran cantidad de objetos materiales. Eso demuestra que no importa lo que nos esforcemos para modificar las circunstancias externas de nuestra vida, eso nunca resuelve nuestros problemas. Si somos capaces de trascender y abandonar los pensamientos de que somos pobres, inmediatamente nos liberaremos de nuestros problemas imaginarios. Nuestra verdadera naturaleza va más allá de ser pobre o rico.

Cada vez que sufras, cada vez que luches, no te dirijas al exterior para intentar buscar qué es lo que no funciona en tu vida. No trates a tu vida como tratas a tu coche. Cuando el coche no va bien, sales, abres el capó, ves qué problema tiene el motor y lo arreglas, pero la vida no es como un coche. La vida es conciencia. La vida no es algo fuera de nosotros. Por lo tanto, cuando sentimos que estamos sufriendo, que estamos atormentados o que nos enfrentamos a un desafío, debemos siempre mirar en nuestra conciencia. Descubriremos inmediatamente que estamos teniendo una relación realmente diabólica con un pensamiento diabólico. Eso es lo único que hay. Solo ese pensamiento.

Esos pensamientos siempre surgen con una idea específica y con una voz concreta: «Soy bueno», «Soy malo», «Soy pobre», «No tengo esto ni lo otro», «No estoy iluminado»... Están siempre asociados a un concepto y a un sistema de creencias. Hasta que despertamos a la verdad suprema, estamos totalmente dominados por nuestros pensamientos, que siempre nos están dictando la realidad. De modo que en ese sentido el pensamiento es el imperio supremo de la propaganda. Siempre está coloreando y definiendo la realidad.

Hace unos diez años volví al Tíbet. Allí la gente tiene muy pocas posesiones materiales. No tienen prácticamente nada. A pesar de eso, muchos de ellos son completamente ricos. Les llevé muchos regalos de los Estados Unidos, pero tal vez no sabía si dárselos o no, ya que muchas de esas personas son realmente puras y felices, y sentía que tal vez iba a contaminar sus mentes. No quería atraparlas en la mente, porque algunas de esas personas tienen un corazón muy abierto, son muy cariñosas y completamente ricas.

Durante los últimos años, en los Estados Unidos he conocido a algunas personas muy ricas y cuando contemplaba sus rostros, eran muy infelices. Sin embargo, cuando contemplaba los rostros de algunas de esas personas tan sinceras y de corazón tan abierto que vivían en el campo en el Tíbet, que tenían total devoción al camino del cariño amoroso y la sabiduría, vi que sus corazones eran muy ricos, completamente ricos. Es extraño que una persona de allí que no tiene casi nada sea cien veces más feliz que una de aquí con millones de dólares. Lo que demuestra esto es que no hay nada equivocado en la vida.

Solo hay dos reinos en los que podemos residir. Uno se denomina nirvana, es decir, iluminación. El otro, *samsara*, el mundo no iluminado, que es básicamente el estado de nuestra propia conciencia. El *samsara* no está ahí fuera, aunque a menudo lo proyectamos al exterior. Por eso estamos en conflicto con la realidad. Nuestro ego está siempre intentando conquistar la realidad y ese esfuerzo es la base de nuestra infelicidad. De modo que si dejamos de luchar con la realidad y contemplamos nuestro interior, descubriremos que el *samsara* se encuentra en cada uno de nosotros. Entonces averiguaremos que el *samsara* es el estado en el que estamos apegados a nuestros pensamientos. Incluso la muerte es un pensamiento. Esto puede considerarse algo poco convencional, porque no concuerda con la realidad consensuada. Pero la realidad consensuada es una realidad determinada por la ignorancia colectiva. Si dedicamos un momento a trascender todos nuestros pensamientos, nos damos cuenta de que el nirvana yace en nuestro interior y es completamente inexpresable.

Cuando sufrimos, significa que estamos apegados a algo. Cuando nos sentimos felices, significa que estamos experimentando otro pensamiento. La propia sensación del «yo» también es un pensamiento. El «yo» que cree ser tan real y concreto no existe. No es más que un pensamiento, un pensamiento que he estado defendiendo toda mi vida, que estoy dispuesto a defender el resto de mi vida. ¿A que te sientes bastante defraudado? El «yo» no es más que un pensamiento y a pesar de eso me estoy preocupando constantemente por su bienestar. ¿Está durmiendo lo suficiente? ¿Está comiendo lo suficiente? ¿Tiene seguro médico? ¿Qué tal tiene los dientes? ¿Se ha hecho una revisión ocular? ¿Le sienta bien el peinado?

La conciencia más liberadora y más dichosa que puedes experimentar es que ese «yo» es una mentira. De vez en cuando nos damos cuenta de eso y resulta realmente liberador. Por supuesto, no ocurre muy a menudo. Quizás has tenido esa experiencia liberadora. A veces esa comprensión se produce cuando nos hallamos en presencia de alguien que está viviendo en esa conciencia o cuando practicamos mucho la meditación en silencio.

Nuestra auténtica naturaleza siempre ha sido perfecta. No tiene que mejorarse y nunca se podrá cambiar. Es la maravilla de las maravillas. Es intrínsecamente divina. No la experimentamos siempre porque nuestros pensamientos e impulsos la oscurecen. Practicar la meditación significa trabajar para trascender esos pensamientos a cada momento. A veces viene bien incluso recitar frases, mantras especiales, para ayudarnos a recordar que debemos mantener la conciencia. La conciencia es un estado en el que se trascienden todos esos pensamientos.

A menudo las personas hablan de trascender la vida y la muerte. Es un ideal muy elevado, ¿verdad? La gente también habla de trascender el *samsara*, y eso también es algo elevado. ¿Cómo podemos trascender el *samsara* si no existe? De modo que olvídate de intentar trascender el *samsara* y la vida y la muerte. Por favor, olvídate de todas esas nociones fantásticas, gloriosas y heroicas, porque te sugieren que la iluminación está completamente más allá de la consecución humana. Ello lo hace todo más difícil de lo que es de forma deliberada. No hay *samsara*. No hay vida ni muerte que trascender. Lo único que debemos trascender son nuestros pensamientos. Más allá de ellos, no hay sufrimiento. Únicamente hay pensamiento.

No es solo una teoría. Pero ¿qué significa trascender nuestros pensamientos? Significa sencillamente no creer en ellos. Cuando no creemos en nuestros pensamientos, estamos siempre despiertos. Cuando creemos en ellos, no estamos despiertos. Esta es una afirmación que debería recordar todo el mundo. Cuando estemos sufriendo, nos deberíamos decir: «Estoy apegado a mis pensamientos». En ese momento puede que queramos rezar y pedir ayuda, pedir el poder de trascender nuestros pensamientos. Trascender los pensamientos significa no creer en ellos.

Esta es una ocasión perfecta para que abandonemos todos nuestros pensamientos, para que los rindamos a la verdad. Cuando tenemos conciencia y plena concentración, podemos ofrecer todos nuestros pensamientos. En los templos hay una especie de capilla y el altar está dispuesto con ofrendas de cuencos llenos de agua, flores, arroz, etc., como símbolos de la ofrenda suprema. La ofrenda suprema es el pensamiento. Consiste en ofrecer todos los pensamientos al vacío sin ningún apego. Cada vez que ofrecemos el pensamiento a ese reino de la verdad, experimentamos siempre el despertar dichoso.

En nuestra conciencia hay una danza de pensamientos. No necesitamos librarnos de ellos, pero si prestamos atención, veremos que conocemos muy bien todos esos pensamientos. Son nuestros vecinos y compañeros de habitación, los patrones habituales de nuestra conciencia. No hacen más que seguirnos y perseguirnos como si tuvieran su propia fuerza vital. Cuando estamos apegados a ellos, se cristalizan y se convierten en nubes de conceptos y sistemas de creencias que son las cadenas que nos atan al sufrimiento interior.

Imagínate que estamos jugando a taparnos los ojos con las manos mientras nos encontramos en un maravilloso jardín lleno de flores. En cuanto nos destapamos los ojos, podemos ver lotos, lirios, girasoles, etc., pero cuando nos tapamos los ojos, vuelve el bloqueo y no vemos esas hermosas flores, a pesar de que siguen ahí. Nuestra relación con los pensamientos es igual. Cuando nuestra mente está libre de pensamientos podemos ver la verdad, pero cuando nuestra mente está velada por los pensamientos, no vemos esa verdad maravillosa que siempre está ahí.

Buda y otros grandes maestros, como Nagarjuna, Shantideva y Machig Labdron, siempre han alumbrado el verdadero camino a la iluminación. Su mensaje siempre ha sido inflexiblemente simple y directo. Nos han enseñado a ir más allá de nuestros sistemas de creencias. Y a pesar de ello hay una manera de seguir evitando esa liberación, porque nuestra mente tiene una persistente tendencia a atrapar los pensamientos y los impulsos. Nuestra práctica espiritual debería consistir en liberar todo lo que está apegado a nuestra conciencia. Sin embargo, puede que descubramos que nuestra práctica espiritual se basa en acumular más información, más conocimiento y más seguridad, especialmente esta sensación de seguridad. De modo que conviene revisar la propia naturaleza de nuestra práctica y ver si consiste en trascender nuestros pensamientos o no. No creas en la mente. No creas en los pensamientos. Cuando ya no creemos en esta mente, experimentamos en nuestro interior la liberación suprema. Siempre somos libres, ya que no hay sufrimiento, ni muerte, ni enfermedad, ni vejez que trascender. Esa libertad es universal y constituye un derecho de nacimiento.

¿A qué estamos esperando? Este es el momento de abandonar todas las dudas y el miedo, de atravesar la puerta a ese paraíso de eterna libertad. Cuando sepamos cómo ir más allá de nuestros pensamientos sin postergar esta tarea, habremos adquirido el valioso conocimiento que es el atajo a la iluminación.

CAPÍTULO 11

EL DESAPEGO

Ir más allá de cualquier limitación

Para un ser humano la máxima aspiración consiste en alcanzar el estado de trascendencia suprema, ir más allá de toda limitación. Si esa es la razón por la que nos embarcamos en el camino espiritual, vamos en la dirección correcta. La aspiración básica es pura en sí misma, aunque a medida que pase el tiempo se mezcle con todo tipo de razones y motivaciones. Esta aspiración es una fuerza poderosa, como enamorarse perdidamente. En realidad consiste en enamorarse. Nos enamoramos de la verdad, de la libertad eterna. En los círculos espirituales a menudo oímos la palabra «devoción», pero esa es la única auténtica devoción, una que nos ayudará a despertar del *samsara*.

En Oriente mucha gente llama a su vida *samsara*, que significa tener una existencia condenada a una decepción interminable. Hay millones de personas que están buscando la salida de ella. Incluso ha habido una larga tradición de practicar severas austeridades para liberarse de ella. Entre esos métodos están el atormentar el cuerpo con la flagelación, el ayuno y otras medidas extremas. El punto de vista de los que realizan esas prácticas es que la vida está llena de tristeza y el cuerpo es pecaminoso. El aspecto singular de la perspectiva de Buda es la vía del medio, que enseña que el *samsara* no es culpa del cuerpo o de la vida en general. El *samsara* es un estado de la mente ignorante.

A menudo proyectamos el *samsara* en nuestras circunstancias. Cuando algo nos va mal, tendemos a contemplar la vida como una pesadez carente de sentido, como una lucha sin alegría alguna. Nuestra actitud se vuelve pesimista. Nuestros corazones se amargan y nos enfadamos con todo lo que nos rodea. Culpamos a todo el mundo por nuestra desgracia, incluso a Dios. En el mundo moderno culpamos a nuestros padres de todos nuestros problemas, aunque ellos intenten hacerlo lo mejor que pueden. En realidad todos los problemas contra los que luchamos no existen realmente. Solo son creaciones de nuestra mente no iluminada.

Uno de nuestros mayores problemas es la idea de la muerte. Incluso eso es ilusorio porque, para empezar, no existe una persona que pueda morir. Esta sensación del «yo» es una gran ilusión. La vida sin esta ilusión es realmente bella, plena del sentimiento de albergar mucho amor y alegría que compartir con todo el mundo.

A veces me encuentro con personas idealistas que se sienten desilusionadas con su vida e intentan encontrar un sentido a través de la evasión. Pero mientras no seamos libres interiormente, dará igual adónde vayamos, porque encontraremos muchos problemas. La mayoría de nuestros problemas son producto de la mente. Cuando nos damos cuenta de esto, tenemos la libertad de elegir entre la infelicidad y la felicidad. El estado natural de nuestro ser siempre es completamente feliz. La felicidad y la libertad son nuestro derecho de nacimiento. Buscar la felicidad y la libertad fuera de nosotros mismos siempre es un error.

Se dice que cuando Buda despertó, alcanzó el *mahanirvana*, el estado en el que no hay siquiera un nirvana. Después, nunca perdió su mente despierta. Esa es la iluminación que alcanzó Buda. A partir de entonces dejó de buscar. Fue más allá de todo. Como dice el sutra *Prajnaparamita*: «No hay apego, no hay desapego». El apego no es más que una idea. ¿Quién está intentando alcanzar algo? ¿Quién está ahí? ¿Qué es lo que hay que alcanzar? Una vez que vamos más allá de la dualidad, estas ideas pierden el sentido inmediatamente. La iluminación y la falsa ilusión son dos caras de la misma moneda. Esa moneda es la gran ignorancia que crea esta ilusión de la separación. La propia verdad es la unidad de todo cuanto existe.

En cierto sentido hay iluminación y no hay iluminación. No es una afirmación contradictoria. Por supuesto, hay iluminación porque hay libertad y liberación. Pero no la hay cuando la estamos buscando desesperadamente fuera de nosotros mismos. Observa. ¿Quién está buscando la liberación? Si llevamos la conciencia a nuestra mente en este mismo instante, vemos que es el mismo «yo» el que lo busca todo. ¿Quién está buscando la fama? ¿Quién está buscando el placer? ¿Quién está buscando una forma de llegar a la verdad? Es ese mismo «yo» que también está buscando la iluminación. Este «yo» a veces es muy santo y a veces muy desagradable. Este «yo» tiene un cajón lleno de todo tipo de máscaras. Son máscaras para ser santo y máscaras para ser bastante siniestro. El «yo» que quiere estrangular a alguien es el mismo «yo» que está buscando la iluminación. Es todo cuestión del «yo». No hay un «yo» bueno ni uno malo, solo hay un «yo» y se denomina ego. El ego es una construcción mental, una fabricación, no tiene nada que ver con lo que somos realmente.

La verdadera cuestión es que todos nuestros problemas, por supuesto, son creación de este «yo». Es un reino de costumbres y de tendencias kármicas en el que hemos estado invirtiendo durante incontables eones de tiempo. Todos cargamos con un saco de cargas internas en la mente, allá adonde vayamos, hagamos lo que hagamos. De vez en cuando tenemos la profunda aspiración de dejarlo en el suelo. Tenemos que saber que este saco no forma parte de nosotros. No nos pertenece. Darse cuenta de eso es el acto de dejar el saco en el suelo. Esa es la única práctica espiritual que existe. Todo lo demás no es sino mera distracción. Está diseñado para distraernos durante un rato, como un juguete. Hay muchas prácticas espirituales que no nos ayudan. Al contrario, contribuyen a aumentar ese fardo con una carga más santa. No es más que decorar nuestra cadena con piedras maravillosas y brillantes. Por eso Buda rechazó todas las disciplinas espirituales que existían en su época. Se internó en el camino de abandonar la identificación con su falsa sensación del «yo», al que denominamos «ego».

En general, a medida que pasa el tiempo, nuestros hábitos mentales siguen creciendo como malas hierbas. Aumentan como una bola de nieve hasta que son trascendidos de raíz. La meditación es la manera de impedir que esa bola de nieve siga creciendo. Tenemos muchos hábitos de miedo, odio, opiniones, violencia y agresiones. De hecho, tenemos tantos hábitos que no deberíamos pensar que la meditación va a ser un viaje extático. Al principio la meditación puede ser muy desafiante y bastante molesta. Con frecuencia digo que en un inicio es como abrir una cloaca de una gran ciudad.

Hoy en día la gente suele ir de vacaciones a lugares en los que pueden recibir masajes, darse baños de agua caliente y practicar yoga y meditación. La gente piensa que la meditación es una manera de relajar el cuerpo y la mente, que es una forma de rejuvenecer, una forma de quitarse las arrugas de la frente. Piensan que gracias a ella serán eternamente atractivos. Pero la meditación no consiste en eso.

La meditación no es un programa de reducción de tensión. Por supuesto, no hay ningún problema en utilizarla como método para reducir la tensión y la ansiedad. Eso es mucho más sano que tomar sustancias estupefacientes, convertirse en un zombi enfrente de la televisión o quedarse inconscientes por atiborrarse de helado. Esto reduce la tensión, pero no de forma sana. No obstante, reducir la tensión no es lo más importante de la meditación, eso es solo una versión diluida de ella. La meditación tiene un propósito muy especial. Es una forma de trascenderlo todo. Hay muchos modos de reducir la tensión. ¡Ve a la playa! ¡Acude a un gimnasio! Te relajarás. Evidentemente, no estoy intentando impedirte que asistas a esos programas de reducción de la tensión basados en la meditación. Son muy sanos. Pero eso no es lo más importante.

La meditación tiene que desafiarte. Pregúntate: «¿Me está desafiando la meditación?». Si la respuesta es sí, significa que estás llegando a algún lado, pero si tu práctica espiritual lo único que hace es calmarte, eso indica que hay algo que no está funcionando. Hay una bandera roja. Hay un gran problema. La espiritualidad no debería ser como un osito de peluche. No debería ser una experiencia sensiblera en la que surgen sensaciones bonitas y sentimentales. A veces la gente dice: «Me encanta esta meditación porque es muy relajante. Me encanta esta práctica de meditación porque me calma». El desafío tiene que tener lugar en nuestra conciencia. El auténtico camino debe desafiar al centro de nuestra realidad, todo concepto sobre lo que somos y lo que es nuestra realidad. La meditación es como llevar fuego a la conciencia. En eso consiste la verdadera meditación. De lo contrario, todos nuestros problemas seguirán igual aunque seamos los mejores meditadores del planeta. Sin desafío no ocurre nada en nuestra conciencia. Nuestra meditación no producirá más resultados que mordisquear un caramelo. A veces, cuando mordisqueamos un caramelo, nos sentimos muy bien, pero no ocurre nada en nuestra conciencia. Seguimos siendo inconscientes a pesar de ser grandes meditadores.

De modo que, ¿en qué consiste la meditación? La meditación comienza con una auténtica aspiración a abandonar todo. Recuerda la definición del *dharma*, el objetivo de seguir el camino espiritual es el desapego. Hay un texto de la literatura budista que dice:

No HABÍA apego.
No HAY apego.
No HABRÁ apego.

Desde este punto de vista, la meditación es muy profunda y a pesar de ello muy simple.

¿Has montado alguna vez en bicicleta? Esta no se mueve por sí sola, solo cuando alguien pedalea. En el momento en que dejamos de pedalear, la bicicleta se cae. La conciencia no iluminada funciona de la misma manera. O se perpetúa a sí misma o en el momento en que dejamos de perpetuarla, muere. Como todo lo demás, muere por sí sola. La meditación no es como hacer algo, ir a algún sitio o comprar esto o aquello. La meditación en realidad es una manera de dejar de alimentar esta conciencia no iluminada.

Cuando nos sentamos en silencio, permaneciendo en el momento presente, ¿qué ocurre? No ocurre nada. Pero a veces hay un momento tan liberador e iluminador que todo desaparece. El ego y todos los guiones desaparecen, y la unidad universal danza frente a nosotros.

En el reino de la verdadera meditación no existe el meditador o la meditación. No hay nada que hacer. Lo único que sucede es que ya no construimos ilusiones, de modo que estas comienzan a desvanecerse. ¿Has experimentado alguna vez eso? Quizás muchas veces. El maestro budista Shantideva lo compara con un relámpago repentino en medio de la noche que ilumina todo el cielo. En esta metáfora la oscuridad es nuestra vieja conciencia, impregnada de los hábitos y siglos de tendencias kármicas. El relámpago es la experiencia iluminadora.

Esto ilustra lo que ocurre en el reino de la meditación porque hemos dejado de nutrir la rueda de la falsa ilusión, el *samsara*. Eso significa que al final no hacemos nada, que resulta ser la tarea más difícil. Es mucho más fácil hacer algo, porque de ese modo podemos seguir girando la rueda de la falsa ilusión. Cada vez que decimos que nos gusta algo o que no nos gusta algo, estamos aceptando el guion. Estamos alimentando el ego, perpetuando la rueda de la falsa ilusión. Cada vez que nos comparamos con los demás, estamos acrecentando la rueda de la falsa ilusión una vez más. Cada vez que nos apegamos al odio y al orgullo, le otorgamos más fuerza a todo eso. Nos esforzamos y empujamos esa bola de nieve, haciéndola más grande y más pesada.

De modo que al final la meditación lo detiene todo. Dejamos de empujar esa rueda en movimiento y dejamos de pedalear la bicicleta. No hacemos nada porque no hay nada que podamos hacer. A partir de ese momento ya no somos responsables de nada, es la verdad la que está al cargo. A partir de ese momento la verdad destruirá voluntariamente el fundamento, la base de toda la tristeza, toda la infelicidad. Hará ese trabajo por nosotros. Lo único que tenemos que hacer es detenerlo todo. En eso consiste la meditación.

Antiguamente, los buscadores espirituales utilizaban varios métodos de meditación. No obstante, solo hay un método: el estado de la no acción. Cuando dejamos de intentar conseguir algo y abandonamos todos nuestros esfuerzos internos, sorprendentemente se nos revela la verdad inefable. No hay que encontrar nada más. La realización de la verdad nos libera de la prisión de nuestro yo imaginario. Siempre que profundizamos más en la meditación, somos testigos de la disolución del yo. Si el yo sigue ahí, quiere decir que no hemos profundizado lo suficiente. Esta es también una buena plegaria.

La plegaria no es necesariamente un acto religioso. El significado que se esconde tras ella es la rendición del yo. En el budismo, la plegaria no es tan importante como en otras religiones. Normalmente se basa en el reconocimiento de la dualidad entre el yo y lo divino. Puede ser asombroso para algunas personas darse cuenta de que en el budismo el propósito de la plegaria no consiste en conseguir algo sino en perder algo, incluso este querido «yo». ¡No te preocupes! No hay nada que perder excepto los falsos conceptos. Finalmente incluso la idea de perderse a uno mismo también se disuelve. No hay nada a lo que renunciar ni nada que ganar.

Al principio la meditación resulta un poco desafiante porque nos reta a detenerlo todo. Tenemos una mente egoica entrenada y habituada a hacer algo, a construir este mundo de ilusión. El ego se esfuerza mucho. Siempre está hablando, inventándose historias para perpetuar toda la noción del «yo». «Yo» estoy meditando. «Yo» existo realmente. «Yo» estoy meditando y ahora «yo» estoy llegando a alguna parte. «Yo» estoy buscando la iluminación. Este mismo pensamiento no es más que la manera que tiene el ego de perpetuarse a sí mismo. Antes o después somos totalmente conscientes de los juegos de la mente y de todos nuestros hábitos inconscientes. Una vez que desaparezcan todos los hábitos mentales, desaparecerá también la meditación. Cuando se acaba la enfermedad, ya no necesitamos más medicinas.

Un maestro de meditación dijo que la única forma de romper con los hábitos mentales es tener una sesión de meditación ciento ocho veces al día durante seis meses aproximadamente. ¿Cómo podemos tener una sesión de meditación ciento ocho veces al día? ¿Cómo lo hacemos? Lo que el maestro quería decir es llevar la práctica de la meditación a la vida cotidiana. En realidad es bastante similar al arte de detenerse. La idea es que nos detengamos ciento ocho veces. Simplemente nos detenemos. Paramos. Dejamos de perpetuar el hábito de la mente y descansamos en el momento presente. Recobramos la conciencia. Recobramos la conciencia ciento ocho veces al día. Si no podemos lograrlo, lo intentamos veinte veces, diez, o incluso menos. Hacerlo ciento ocho veces al día requiere mucha disciplina, pero valdría la pena probarlo. Es un método, una forma de mantener la conciencia meditativa a lo largo de toda la jornada, mientras nos encontramos en el mundo ordinario. Si no estamos en un monasterio, esa es una manera de permanecer conscientes en la vida cotidiana. Puede que esta sea la única forma de romper el hábito de la mente.

Incluso la expresión «práctica de meditación» no es del todo cierta, porque ten presente que la meditación no se debe practicar. La meditación consiste en detenerse. Tenemos que utilizar esta expresión sabiendo que no es algo que haya que practicar. Consiste en detenerse en el estado natural, tal como es. Detenerse totalmente. Una vez más, dejar de rodar la bola de nieve.

Cuando observamos nuestra conciencia, encontramos una gran cantidad de antiguos amigos: «Anda, me alegro de verte otra vez, miedo», «Hola, orgullo, ¡qué alegría verte», «Miedo, ¿va a poder contigo esta enseñanza? ¿Cuándo va a terminar esta meditación? Te estoy esperando. Estoy preparando una comida muy buena. Relájate, no te preocupes. Te estoy esperando». El odio, el orgullo, la culpa y el miedo son nuestros viejos amigos. Todos ellos se remontan al sencillo problema que supone apegarse a este «yo» ilusorio denominado ego. Todos cargamos con este ego imaginario día y noche, e intentamos protegerlo a toda costa. A veces, puede que el camino espiritual en el que nos encontramos no sea más que otra forma de reforzarlo. Evidentemente, la gente ha estado utilizando la noción de Dios o la vida eterna como una manera de solidificar esta ilusión. La vida eterna en alguna parte del cielo significa que este «yo» no tiene que morir nunca.

La misma idea de la rendición puede ser hermosa. Es la puerta directa a la verdad, el acto poderoso de abandonar el yo en este instante. A menudo la gente tiene tendencia a rendirse a algo o a alguien fuera de sí misma. Rendirse al gurú no es la verdadera rendición porque en ese caso tú te conviertes en el que hace la rendición, lo cual es otra versión del yo. Por esa misma razón, Buda desanimó a la gente a que rindiera su personalidad. Por supuesto, siempre nos rendimos a su sabiduría. El problema es que cuando nos rendimos a su personalidad no nos rendimos a su sabiduría. Él les dijo a los devotos que no creyeran en sus palabras con fe ciega, sino que las cuestionaran antes de aceptarlas como verdad.

Buda nunca afirmó que fuera un mesías. Después de su despertar, estaba caminando por un bosque y se encontró con un grupo de bandidos. Se quedaron tan asombrados por su presencia que le preguntaron:

—¿Quién eres tú? ¿Eres un dios o un ángel?

—No —respondió él.

—¿Eres un santo?

—No.

—¿Quién eres? –le preguntaron otra vez.

Él simplemente contestó:

—Estoy despierto.

Simplemente había despertado del sueño de la dualidad y del sueño de la ignorancia.

En el reino de la verdadera meditación, todos nuestros hábitos inconscientes son llevados a la luz de la conciencia, y vemos claramente su insustancialidad. Podemos abandonarlos tarde o temprano. A veces, hay una posibilidad mágica de abandonarlos justo en ese momento, simplemente dejando que la conciencia brille en nuestro interior. Toda la oscuridad interna se desvanece, y se revela nuestra naturaleza divina. De hecho, nuestra verdadera naturaleza ha estado esperando a que nos despertemos a ella desde el principio. Es maravillosa, una amante cariñosa que quiere estar con nosotros, pero hemos rechazado la invitación por miedo a abrir el corazón. Incluso en este momento nuestra naturaleza divina nos está invitando a ser uno con ella. Ser uno con ella significa darnos cuenta de quiénes somos. Si estamos completamente dispuestos a ser testigos de esta increíble unión en este instante, no tenemos que hacer nada. No tenemos que ir a ninguna parte. Solo detener todo tipo de búsqueda, y de ese modo seremos testigos de la unión justo en el lugar en que nos encontramos. Esa es la meditación más elevada. Se denomina «meditación sin meditación».

CAPÍTULO 12

TRASCENDER LA SABIDURÍA

La verdad suprema

Para nosotros Buda era un hombre ideal. No se le puede encasillar en ninguna categoría. No se le puede considerar ni creyente ni ateo. Fue más allá de todas las limitaciones creadas por el hombre. No era ni siquiera budista tal como muchas personas entienden este término. Trascendió todas sus identidades. Alcanzó el amor ilimitado en su interior y encarnó el nivel supremo de alegría, que al final es la única riqueza que existe. Enseñó una sabiduría eterna y un camino universal que trasciende todos los «ismos». No podremos comprender su enseñanza mientras seamos teístas o ateos. Su enseñanza, denominada *prajnaparamita* –que significa literalmente «visión trascendente»–, se reveló desde una fuente conceptual. No es una mera filosofía o doctrina religiosa. Expresa la verdad del modo más directo. Es la manera de alcanzar la verdad suprema, el gran vacío.

En ese sentido, el prajnaparamita no es un conocimiento que haya que aprender, sino el acto de trascenderlo todo inmediatamente: la vida y la muerte, lo bueno y lo malo, el pasado y el futuro. Es la realización de la verdad, más que la especulación acerca de esa libertad. No es solo una exaltación espiritual que se disipa una vez que las endorfinas se han agotado. Algunas tradiciones budistas tienden a poner énfasis en las distinciones entre la verdadera realización y las exaltaciones espirituales.

Una vez me contaron una historia muy divertida relacionada con esto. En una ocasión, un maestro budista radical estaba hablando sobre la trascendencia del apego a la vida y la muerte. Uno de sus alumnos, al oír ese mensaje fundamental, sintió que ya había alcanzado esa trascendencia y fue a ver a su maestro para anunciarle lo que había conseguido. El maestro estaba sentado solo en el templo. Cuando el alumno le dijo que había trascendido la vida y la muerte, se quedó asombrado al ver que el maestro dio un salto, lo agarró por el cuello y empezó a estrangularlo. Después de luchar durante un rato, el alumno consiguió tirar al maestro al suelo y escapar. Se sentó fuera del templo, intentando recobrar el aliento. Tenía el cuello lleno de profundos arañazos. En ese momento otro alumno pasó por allí, y al verlo y darse cuenta de lo que había ocurrido, sonrió y le dijo:

—¡Vaya, ya veo que tú también has trascendido la vida y la muerte!

Al parecer, ese era el método radical que utilizaba el maestro para poner a prueba la noción de sus alumnos de la auténtica realización.

Cuando tiene lugar la realización, simplemente sabes que no es otra exaltación espiritual. Ambas son muy distintas y debemos tener cuidado y no confundirlas. Una exaltación espiritual es como un arco iris que parece maravilloso, pero es de escasa duración. Muchas personas tienen exaltaciones espirituales en las iglesias, los *ashrams* y los templos. Estas experiencias son agradables, pero no son la verdad más elevada. Hay que alcanzar la verdad porque sin ella no hay liberación. Sin ella todo lo que hacemos, todo lo que intentamos, no es más que otra forma de malgastar nuestro precioso tiempo en una especulación sin sentido y en un esfuerzo fútil.

Pero ¿cuál es la verdad suprema? ¿Quién lo sabe? ¿Quién tiene la llave para abrir la caja dorada donde se oculta la verdad suprema? En realidad no hay palabras, no hay conceptos, no existe un lenguaje perfecto que pueda abarcar la verdad suprema. Una exaltación espiritual es la forma que tiene el ego de tentarnos para que nos conformemos con menos. Por supuesto, siempre tenemos la posibilidad de posponer ese día dorado de la realización. Hay muchas maneras de postergar esa oportunidad de oro. Al ego se le da muy bien eso. De hecho, su principal trabajo consiste en posponer, y a veces logra que sea algo muy entretenido, especialmente cuando nos permitimos perdernos en nuestras maravillosas ilusiones.

Cuando llegamos al camino espiritual, debemos tener mucho cuidado. Hemos de tener claro que no estamos añadiendo otra ilusión a todas nuestras ilusiones. Cuando observamos nuestra conciencia, vemos que tenemos muchas ilusiones. Todo es una ilusión, especialmente esta noción de «yo». La historia de mi vida es una ilusión: mi nacimiento, mis relaciones, etc. Todo es como una película. Si me ocurre algo en el cerebro, buena parte de esta historia se olvidará inmediatamente. Por lo tanto, no existe en realidad, es ilusión. Cuando llegamos al mundo espiritual, debemos tener cuidado de no caer en la trampa de la acumulación de nuevas ilusiones. Lo creas o no, hay muchas ilusiones muy bonitas sobre el camino, el viaje y las prácticas. A veces, celebrarlas puede ser muy entretenido, pero el problema es que tarde o temprano se derrumban. No es más que una cuestión de tiempo. Cuando las ilusiones se derrumban, lo hacen con una sensación de decepción, desánimo y amargura. Por lo tanto, ese es el momento perfecto para dejar de repetir este viejo hábito de glorificar y perseguir la ilusión y apegarnos a ella.

Cuando una ilusión no funciona, nos desilusionamos y vamos por ahí con nuestras antenas buscando otra ilusión. Buscamos una que no asociemos con ningún recuerdo o sensación de decepción. Deseamos algo nuevo, algo diferente, algo mejor. Cuando no encontramos una ilusión que nos agrade, hacemos de eso un gran problema. Decimos que estamos teniendo una crisis espiritual. Estamos atravesando la noche oscura del alma. Sentimos que el suelo tiembla bajo nuestros pies. No nos gusta estar en la oscuridad, en el vacío. Queremos encontrar una ilusión que nos proporcione comodidad, que nos dé lo que se podría denominar un masaje psicológico. Pronto encontramos otra ilusión, una que esté llena de promesas.

Con frecuencia, cuando nos quejamos de la vida, empezamos a contar esta larga epopeya, una historia sobre nuestro viaje personal. Abarca una serie de desgracias, pruebas y tribulaciones. A menudo comienza por el hecho de nacer en la familia equivocada, de tener los padres equivocados, y bajo circunstancias realmente funestas. Este regodeo ególatra no hace más que aumentar. Al mismo tiempo, no es más que ilusión. Nuestra mente egoica solo está inventando historias que nunca han ocurrido. ¿Has estado alguna vez con una persona de esas que no hacen más que quejarse? Hablan de lo desgraciadas que son y de lo mucho que se están esforzando. Mientras escuchabas su triste historia, ¿no se te ha ocurrido nunca de repente que solo estaban dormidas, teniendo una pesadilla? Nada de lo que estaban diciendo era real. Podemos dirigir esta perspectiva hacia nosotros y ver que todo es una ilusión. Sería realmente liberador tener esa comprensión tan poderosa. Mientras estemos siguiendo el camino de Buda Shakyamuni, nuestra disciplina y nuestra práctica consisten en disolver. Es un camino maravilloso, un camino que consiste en quemar y destruir.

A lo largo de la historia hay muchas guerras que comenzaron glorificando una ilusión: la ilusión de la perfección, la ilusión de crear una sociedad utópica. Esto se ha repetido una y otra vez con el transcurrir del tiempo. Hay millones de personas que han muerto por esa tendencia a glorificar alguna ilusión de perfección. Debemos estar siempre muy atentos y ser inflexiblemente inteligentes para no añadir más ilusiones a las que ya tenemos. Ya cargamos con suficientes. No necesitamos nuevas ilusiones. Por supuesto, podemos adquirir otras más nuevas, más sagradas y más santas, pero las ilusiones son siempre ilusiones. Nos impiden despertar.

Hay muchos millones de personas que han perdido la vida para glorificar alguna ilusión colectiva como la pureza étnica o la creación de algún tipo de mundo utópico a toda costa. Esas ilusiones están basadas en la ignorancia. Incontables guerras han tenido lugar en nombre de la religión, y hoy en día continúan las luchas sectarias. Ninguna tradición puede afirmar estar libre de ellas. No solo defendemos nuestras ilusiones, sino que además estamos preparados para atacar a cualquiera que las cuestione.

Aquí en Occidente hay mucha gente a la que le gustan las ilusiones orientales porque ya se han desilusionado de las suyas, de las de su mundo. Ahora se han volcado hacia las ilusiones orientales. Estas nuevas ilusiones puede que funcionen durante un tiempo, porque no tenemos ningún dolor de cabeza ni ningún mal recuerdo asociado a ellas. Pero al final tenemos que disolver toda ilusión: las occidentales, las orientales y, finalmente, nuestras propias ilusiones. ¿Cuál es nuestra ilusión principal? La que nos dice que somos reales, que existimos verdaderamente. Esta ilusión final es aquella a la que nos queremos apegar.

En el camino de la disolución atravesamos diversas etapas y en ocasiones la primera nos resulta dolorosa. A veces tiene un regusto amargo, porque duele perder aquello a lo que estamos apegados. ¿Alguna vez, al revisar tus papeles o la colada, has descubierto que tienes un montón de cosas antiguas y completamente inútiles? Hay recibos del banco, fotos y camisas que ya no te sirven. A pesar de que son inútiles, cuando tenemos que tomar la decisión radical de tirarlas, nos resulta doloroso porque hay muchos recuerdos asociados a ellas. Llevábamos esa camiseta cuando nos enamoramos, cuando nos tocó la lotería o la primera vez que fuimos a determinado sitio bonito. Por eso disolver las ilusiones a veces puede ser muy doloroso.

En ocasiones, cuando observamos nuestra conciencia, vemos que hay innumerables ilusiones. De hecho, todo lo que creemos que es realidad no es más que una ilusión, lo creas o no. Cuando escuchamos este *prajnaparamita* con un corazón abierto, ese mensaje verdadero de que todo es ilusorio, a veces es doloroso, pero hay que escucharlo. A pesar de eso, cuando adoramos un texto o un conjunto de conocimiento sobre el *prajnaparamita*, se convierte en dogma. Por supuesto, los textos y las teorías pueden iniciar la realización en nosotros si los vemos únicamente como el medio. No son el auténtico *prajnaparamita*. Tal como dijo un gran maestro zen en una ocasión: «Solo el zen no zen es el auténtico zen». Del mismo modo, no hay auténtica sabiduría trascendente, aunque hay sabiduría trascendente. Es doloroso. Es como una de esas viejas sentencias de sabiduría paradójicas que pueden volverte loco.

El dogma parece ser uno de los mayores obstáculos en muchas tradiciones espirituales. A menudo se disfraza de sabiduría o de linaje infalible, y otras veces no es más que una creación del ego para posponer la verdadera realización de la unidad. Mientras estas enseñanzas espirituales estén basadas en el dogma, serán sabiduría muerta, llena de superstición. No solo no nos ayudarán, sino que nos obligarán cada vez a un mayor dualismo. Solo sirven como una extraña y absurda autoridad. Quizás por eso el famoso maestro budista Naropa tuvo que escapar de Nalanda, el monasterio más prestigioso de su época. Encontró a un pescador llamado Tipola, que dijo que no se puede alcanzar la verdad solo leyendo las escrituras budistas, los sutras y los tantras.

¿Qué es la sabiduría trascendental? Vamos a investigar eso. En realidad la puedes llamar de muchas maneras, como tú prefieras. Es un proceso momentáneo y directo en el que se disuelven todas las ilusiones aquí y ahora, en este preciso instante. Consiste en disolver la ilusión del dolor, la tristeza y el odio, es decir, la ilusión del yo. Hay un fuego de conocimiento encendido en nuestra conciencia, que lo abrasa implacablemente todo sin excepción. A veces lo abrasa todo en un momento y a veces poco a poco, una ilusión tras otra. Ese proceso abrasador es la sabiduría trascendente. Puedes llamarlo «sabiduría trascendente» o puedes no llamarlo de ninguna manera. En realidad es conciencia, no conceptualización. Es momentáneo, una experiencia directa. Consiste en perderlo todo, perder todas nuestras apreciadas ideas y conceptos, a menudo incluso sin resistencia alguna. Es una maravillosa manera de perderlo todo, que no resulta dolorosa.

En ocasiones es conveniente perderlo todo. Es muy positivo salir de la camisa de fuerza y ser libres de todo lo que nos ha estado aprisionando a lo largo de muchas vidas. Resulta realmente liberador abandonar todas nuestras apreciadas ilusiones, incluso la ilusión del yo. Eso es la sabiduría trascendente. No tenemos que ir a ninguna parte a buscarla. En cuando empezamos a dejar que todas las ilusiones se desmoronen, comienza a manifestarse en nuestra conciencia la sabiduría trascendente o como queramos llamarla. La auténtica sabiduría trascendente es disolución. La auténtica sabiduría trascendente es esa conciencia.

¿Qué quiere decir este bonito término, «sabiduría transcendente»? Significa trascenderlo todo. Esta sabiduría nos pide que lo disolvamos todo. Alcanzarla significa disolver todas nuestras ilusiones, todos nuestros conceptos. Se denomina la madre de los budas. ¿Por qué? Porque todos los budas del pasado, del presente y del futuro se iluminan al alcanzar el auténtico sentido de la sabiduría trascendente. La sabiduría trascendente es simple porque no tenemos que hacer nada. Ahí radica la belleza de este camino. Sin embargo, a veces lo más simple puede resultar lo más complicado. En realidad nos cuesta mucho no hacer nada. No hacer nada no significa que nos sentemos y seamos sedentarios como una planta feliz. Esa es una noción equivocada de no hacer nada. No hacer nada significa abandonar todo el esfuerzo mental, especialmente el que utilizamos para mantener la ilusión del «yo», la separación ilusoria entre el yo y los demás. Cuando abandonamos este esfuerzo, de repente, todas las ilusiones desaparecen. En realidad no tenemos que hacer nada. Se trata de parar. Parar de perpetuar y apegarnos a las ilusiones. Las ilusiones no tienen su propia fuerza motora. Están dispuestas a disolverse a cada momento. Es solo una cuestión de tiempo. Cuando decidimos de todo corazón no sostener más las ilusiones, se desmoronan.

Si cerramos los ojos durante un momento y le prestamos atención a la mente, vemos que alguien se está esforzando mucho. Su principal trabajo, su trabajo a tiempo completo, es crear conceptos, ideas y guiones sobre el pasado, el presente y el futuro con un objetivo claro: mantener esta realidad ilusoria. Este trabajador a tiempo completo se llama «ego». Su guion es: «Soy bueno», «Soy malo», «No tengo demasiado dinero», «Alguien me hizo daño y me tengo que vengar de él», «No tengo pareja», «Soy demasiado viejo», «Soy demasiado joven», etc. Todos estos son conceptos creados por el ego. Intentar alcanzar la iluminación desde el exterior, de un maestro muy admirable o de una práctica exótica, también es una ilusión. No son más que otras formas que utiliza el ego para mantener esta realidad ilusoria.

Sin embargo, cuando decidimos de todo corazón no seguir manteniendo las ilusiones, todo se desmorona. Se necesita mucha energía para seguir produciendo estos guiones y alimentar lo no existente, la realidad ilusoria. De repente, cuando dejamos de inventar conceptos e ideas, cuando dejamos de alimentar esa realidad ilusoria, cuando dejamos de vincularnos al ego, resulta muy sencillo. No obstante, no existen programas de doce pasos para trascender la sabiduría. Solo existe el programa de un paso que consiste en no vincularnos al ego. En cuanto dejamos de hacerlo, inmediatamente desaparece. Y en ese momento nos enamoramos de la verdad.

Tienes que estar un poco loco para amar la verdad. Es un amor maravilloso. Cuando amas la verdad, sientes un verdadero amor, pero para el resto de la mente no tiene sentido. Resulta bastante desafiante abrir el corazón y amar la verdad. No hay imagen mental a la que te puedas apegar. No es ni existencia ni no existencia. Está más allá de todo, más allá de cualquier etiqueta. Por lo tanto Buda, para describir esta suprema verdad, en ocasiones usó la palabra «talidad». Amar la verdad es amar la «talidad», amar lo que hay. La «talidad», o el vacío, va más allá de las imágenes mentales, y, por lo tanto, tienes que ser un poco loco —o a veces mucho— para amarla. Tienes que estar loco para amar el vacío, porque de acuerdo con el plan del ego, es totalmente irracional. Es totalmente irracional amar el vacío porque no nos da nada. El vacío no nos ofrece nada. Solo es «talidad». Lo que existe.

El amor más maravilloso que podemos experimentar es estar enamorados de la verdad, porque resulta muy estimulante. Es mucho más fácil estar enamorados de conceptos, de imágenes mentales. Ese amor es el fuego del *prajnaparamita*. Puede abrasar todos nuestros conceptos, creencias e «ismos». Se lleva todo lo que hay en nuestra conciencia y deja solo aquello que es eterno. Ese amor no es un apego emocional como el que siente la gente hacia el gurú; es sabiduría que ve cómo son las cosas. Con esa sabiduría, somos como una persona que camina con los ojos bien abiertos.

Una vez que adoptamos el *prajnaparamita* como camino, no nos queda otra opción que abandonar todas nuestras ilusiones. No es doloroso experimentar este proceso, porque vemos que lo único que abandonamos es nuestra infelicidad. Descubrimos en el interior una dicha inexpresable. Al poco tiempo, nuestro corazón y nuestra mente están unidos en un reino de ilimitada compasión e intensa inteligencia. Somos capaces de vivir en el mundo tal como somos, disfrutando con una gran intensidad. Somos tan vastos como el cielo. Nada nos confina. No estamos sujetos por una camisa de fuerza a ningún tipo de creencia que nos impida alcanzar la gran verdad, el reino de la perfección suprema.

GLOSARIO

BRAHMÍN: una de las clases de la antigua sociedad india, constituida tradicionalmente por sacerdotes y estudiosos.

BUDA SHAKYAMUNI (563-483 A. DE C.): fundador del budismo. Fue un príncipe del clan Shakya que abandonó su palacio para buscar el camino y lograr el fin del sufrimiento. Se despertó o iluminó bajo el árbol Bodhi. Su camino al despertar, budismo, la vía del medio, está más allá de los extremos de la autoindulgencia y el ascetismo extremo.

DHARMA: este término tiene varios significados. Habitualmente se utiliza para referirse a las enseñanzas de Buda y al camino de la liberación que él enseñó.

DUKKHA: dolor, sufrimiento, tristeza, pena, infelicidad, aquello que es insatisfactorio; angustia existencial, falta de paz.

Identidad egoica: relacionada con una sensación de individualidad o yo separado. Estado de conciencia confinado a los límites de la identidad personal; estos son relativos, personales e individuales, lo opuesto a lo transpersonal.

Ju Mipham (1846-1912): eminente maestro de la tradición Nyingma y uno de los grandes estudiosos de su tiempo. El conjunto de sus obras se encuentra reunido en más de treinta volúmenes.

Kabir (1398-1448): místico, poeta y santo del norte de la India que estaba influenciado por las tradiciones hindúes, islámicas y budistas, pero que no era seguidor de ninguna tradición específica. Sus canciones y poemas inspiradores abarcan una profunda sabiduría y mucha gente de todo el mundo los aprecia.

Karma: el principio de causa y efecto. También se utiliza para referirse al resultado producido por la acción pasada.

Lama: término tibetano para maestro, consejero espiritual. En sánscrito, gurú.

Liberación: reconocimiento de la propia identidad con la realidad suprema y un regreso al propio estado de perfección original.

Machig Labdron (1055-1153 d. de C.): la más famosa *yogini* tibetana que inició la práctica de meditación llamada Chod o «atravesar».

Mantra: palabra o frase sagrada de importancia y poder espiritual.

Mara: el «demonio» que obstaculiza la práctica espiritual y la iluminación.

Miralepa, Jetsun (1040-1123 d. de C.): gran yogui y poeta del Tíbet cuya biografía y poemas se encuentran entre las obras más reverenciadas del budismo tibetano. Es el arquetipo del discípulo, meditador y maestro perfecto.

NAGARJUNA (SIGLOS I Y II D. DE C.): maestro indio que compuso numerosos tratados filosóficos exponiendo la doctrina de la vía del medio.

NAROPA (1016-1100 D. DE C.): *pandit* y *siddha* indio, discípulo de Tilopa y maestro de Marpa.

NATURALEZA BÚDICA: concepto central del budismo que afirma que la verdadera naturaleza de cada ser vivo ya está iluminada.

NIRVANA: el estado iluminado más allá del sufrimiento.

PATRUL RINPOCHE (1808-1887): prolífico escritor y comentador del este del Tíbet, autor de *Las palabras de mi perfecto maestro*. Fue un no sectario que estudió a todos los maestros y es venerado por todas las tradiciones budistas. Fue un mendicante vagabundo, un renunciante, y fue conocido por su cariño amoroso puro.

PRAJNAPARAMITA: verdad suprema del budismo. Es un término para la mente iluminada, libre de todo condicionamiento mental. Literalmente significa «sabiduría trascendente». Los discursos denominados sutras *Prajnaparamita* aclaran esta cuestión.

SAMSARA: existencia cíclica de vida y muerte.

SHANTIDEVA (SIGLO VII D. DE C.): gran poeta y *mahasiddha* indio que asombró a los monjes de Nalanda con su famoso poema, llamado el *Bodhicharyavatara* (*El camino del bodhisattva*), en el que hablaba de dedicarse a la práctica del cariño amoroso y a las actividades del *bodhisattva.*

SIDDHA: ser que ha alcanzado una alta realización espiritual.

Sutra: texto conciso que contiene los discursos de Buda Shakyamuni o de aquellas personas inspiradas por él. Los sutras a menudo tienen forma de discurso entre Buda y uno de sus seguidores.

Sutra del Corazón: la esencia de la enseñanza budista del *prajnaparamita*, la sabiduría trascendente. Se recita diariamente en muchas comunidades de todo el mundo.

Tantra: en el budismo, el tantra se considera un paso transformador que implica una metodología hábil. Se practica en Tíbet, Bután, Ladakh y Nepal, y se conoce como budismo Vajrayana.

Tilopa (988-1069 d. de C.): uno de los ochenta y cuatro *mahasiddhas* de la India; maestro de Naropa.

Tradición Nyingma: la tradición antigua, que presenta enseñanzas propagadas en el Tíbet por Padmasambhava en el siglo VIII.

Universidad de Nalanda: uno de los grandes centros budistas de aprendizaje de la India desde el siglo V d. de C. hasta que fue destruido hacia 1200.

Vacío: noción de que todas las cosas carecen de existencia fija, independiente y permanente. En la filosofía budista, el vacío es el sinónimo de la verdad. El budismo a menudo describe la verdad como un estado que va más allá de la comprensión intelectual.

Yogui y yogini: con estos nombres se designa respectivamente a los hombres y mujeres practicantes de meditación yoga; practicantes espirituales.

FUNDACIÓN DHARMATA

La *Fundación Dharmata* se ocupa de la difusión de los libros de Anam Thubten y de sus enseñanzas grabadas en CD y DVD. Para más información, visita la página web: www.dharmatafoundation.org o escríbenos a esta dirección:

Dharmata Foundation
235 Washington Avenue
Point Richmond, CA 94807

Anam Thubten viaja a nivel nacional e internacional para enseñar y dirigir retiros de meditación. Si deseas conseguir un calendario con los actos de Dharmata, por favor, visita la página web, escríbenos al siguiente correo electrónico info@dharmata.org o llama al teléfono 510-233-7071

ÍNDICE